中川浩一

東危機がわかれば
世界がわかる

GS
幻冬舎新書
740

はじめに

95・2%。これは一体何の数字でしょうか。

2022年度の我が国の原油輸入の中東依存度です。

昨年2023年は、1973年の第4次中東戦争が勃発した際に発生した第1次オイルショックから半世紀でした。原油価格が前年から約4倍に高騰し、日本国民がトイレットペーパーを購入するために店に長蛇の列を作って並んだ、あの時代は今や忘れ去られようとしています。その後、日本は、原油輸入の中東依存度を下げようと原油供給先の多角化を図りました。

一時期、その依存度は60%台に下がりましたが、実はここ数年、ひそかに中東への依存度は再び上がり始め、2022年2月のロシアのウクライナ侵攻もあいまって、かつてない高い数字になっているのです（2023年以降、月単位の統計では98％を超えるときもあります）。

このことを知る日本人は意外に少ないのではないでしょうか。もはや第5次中東戦争は起きないから、安心だなどと高をくくっていませんか。

昨年（2023年）来、中東では、残念ながらその安心を脅かすような出来事が立て続けに起こっています。

2023年10月にはパレスチナの過激派組織ハマスがイスラエルを攻撃し、イスラエル・ハマス戦争が勃発しました。ガザでは3万人以上のパレスチナ人がイスラエル軍により殺されました。イスラエルは、この戦争を1948年の第1次中東戦争（独立戦争）になぞらえ、第2次独立戦争と表現しています。イスラエルのガザ地区におけるハマスせん滅作戦は今（2024年7月現在）も続いています。

また今年2024年4月には、中東の歴史上初めて、イランがイスラエルを直接攻撃し、中東の地政学は大きく塗り替えられました。今後、イスラエルとイランの報復合戦が激化すれば、もはや第5次中東戦争と言ってもいいかもしれません。そうなれば、中東地域が不安定になり、日本人の生活にただちに影響が及ぶことになります。

実際、イランがイスラエルを直接攻撃した4月13日（現地時間、以下同じ）の原油価格は大きく高騰しました。その後、一旦は落ち着きを取り戻しています（2024年7月現在）が、またいつ報復合戦が再燃しても不思議ではありません。

イランがホルムズ海峡を封鎖すれば、日本への原油輸入のルートが遮断されることになるのです。

一方で、現在の中東を戦争のイメージだけで捉えることは大きな誤りです。中東は世界のビジネスの中心地でもあり欧米や中国、韓国、インドはこぞってこの地に進出し、自国の経済利益につなげています。日本は大きく遅れをとっているのが現状です。

このように、中東の出来事は日本、日本人にとっては決して他人ごとではありません。にもかかわらず、相変わらず日本人の中東への関心は高まっていないようです。宗教、言語、地政学、文化、価値観、いずれも日本とは180度異なる、地理的にも遠い地域のままではないでしょうか。それは、どうしてもこの地域の出来事を歴史上、あるいは国際政治の文脈でしか知ることがないか、または中東で実際に起こっている生の情報に触れることがなく、日本人の生活にどう影響するかを確かめることができないからです。

私は、1994年にアラビア語・中東専門の外交官として外務省に入省、2020年までの約26年間で、エジプト、イスラエル、ガザ、ワシントンD.C.などの在外公館勤務（計13年間）をはじめ、東京の外務本省ではアラビア語の天皇陛下、総理通訳なども務め、日本の中東外交の最前線で仕事をしてきました。

中東の首脳の生の声を聞くことも職業柄多くありました。

2020年に外務省を退職してからは、主に日本と中東（特にサウジアラビア）を往来し、ビジネスコンサルタントの立場で、中東が大きく経済発展する日々を見てきています。かつては敵国だったイスラエルとアラブ諸国の関係も大きく変わり、中東は今や新たな時代に入ろうとしています。

２０２４年7月5日に行われたイラン大統領選挙（決選投票）では穏健派のマスード・ペゼシュキアン氏が勝利しました。イランの外交が対米融和路線に転じれば、中東に新たな風が吹く可能性も出てきました。

この本では、これまでの、そして現在の私の中東での経験、知見をもとに、日本にとって中東がどのように重要なのかをメインテーマに、過去より未来志向の本にしてみました（もちろん過去を知らずに未来は語れませんので、これまでの経緯は学べるように構成しています）。

特に私が外交官として勤務した、イスラエル、ガザ、ワシントンD.C.、さらに現在ビジネスコンサルタントとして関わっており、目覚ましい成長を遂げているサウジアラビアについては、注目していただければと思います。

　中東が新時代を迎えている今、この本が、日本人の正しい中東理解の一助になれば幸いです。

中東危機がわかれば世界がわかる／目次

第4章　なぜイランとイスラエルは対立するのか　81

図版・DTP 美創

第1章

中東の未来を決める国・イスラエルと日本はどうつきあうべきか

テルアビブは中東のサンフランシスコ

皆さん、イスラエルにはどんなイメージをお持ちでしょうか。私は、1998年から2001年までの3年間、テルアビブにある在イスラエル日本国大使館で勤務して以来、多くのイスラエルの外交官、ビジネスパーソンとの接点を有してきました。

2008年から2011年の在アメリカ日本国大使館勤務時代は、ユダヤ人社会とのコネクションも広がりました。テルアビブは〝中東のサンフランシスコ〟と称される美しい都市ですし、エルサレムは3宗教（キリスト教、ユダヤ教、イスラム教）の混在する聖地で大変厳かな雰囲気です。

イスラエル人は、ホロコーストを逃れて自らの力で自らの土地を確保し、その土地をこれまで外敵から守ってきたので、自分たちはどうすればホロコーストに遭わずにすむのか、そのためには、何をなすべきかを常に考えています。

平和慣れした私たち日本人には、学ぶべき点が大変多いと思います。

たしかに2023年10月以降は、イスラエルはハマスやイラン及びその代理勢力との衝突が継続していて、危険で怖いイメージもありますが、この章では未来志向でイスラエルの良さを、イスラエルから日本が学ぶべきこととして紹介したいと思います。

友人のイスラエル外交官は、今ハマスとの戦争で苦しんでいるときだからこそ、イスラエルは友人の力を欲している、イスラエルとのビジネスも逆に今が好機だと捉えてほしいと言っています。成田空港とテルアビブを結ぶ直行便（エルアル航空）も飛んでおり、イスラエルは日本からも行きやすい国です。なお、イスラエルが抱えるパレスチナ問題については、第7章で触れたいと思います。

まず、イスラエルと日本の安全保障環境です。中東地域は、周辺敵だらけのイメージですが、実は、「敵の敵は味方」の論理が働き、戦略的に仲間となれる国はいくつかあります。イスラエルも近年、戦略上、アラブ諸国との外交関係正常化を目指しています。しかし、日本は世界に冠たる経済大国でありながら、地政学的に深く孤立しており、置かれた状況は厳しい国です。

日米同盟により、経済的にも軍事的にも一定の保障のようなものを得ていますが、日本だけ平和の温室にいるような時代は終わり、日本を敵視する北朝鮮、中国、ロシアの核保有国から、明日にも予測なしで弾道ミサイルが着弾してもおかしくない状況になりました。

実際、2022年8月のペロシ米下院議長の台湾訪問への対抗措置として、中国軍が沖縄県の与那国島から約80キロの日本のEEZ（排他的経済水域）内に弾道ミサイル5発を相次いで着弾させました。ロシアに軍事侵攻されたとき、ウクライナは明日の日本、と常識のある日本人なら感じたことでしょう。

日米同盟はあるものの、他国から日本が攻撃されたとき、日本を守るための米軍の出動には時の議会の承認が必要です。しかも承認される100％の保証はありません。

アジア版NATO（北大西洋条約機構）もなく、日本は米軍なしでは孤立しています。

平和憲法と非核三原則はありますが、平和な時代ならいざ知らず、戦時下となれば、「絵に描いた餅」です。

日本が見習うべき国、それがイスラエルだと思います。

男子は3年、女子は2年の兵役

ユダヤ人は、2000年もの長い歴史の中で世界に離散し、迫害を受けてきました。

第2次世界大戦中に、ナチス・ドイツが組織的に行った絶滅政策・大量虐殺のホロコーストにより、約600万人のユダヤ人が犠牲になりました。

ホロコーストとは、「焼かれたいけにえ」という意味のギリシャ語を語源とする言葉です。

第2次世界大戦後、国連で、パレスチナをユダヤ人の国とアラブ人の国とに分割する提案がなされ、1948年、ユダヤ人の国としてイスラエルが建国されました。

しかし、ユダヤ人国家イスラエルの建国に、アラブ側は強硬に反対し、中東戦争が勃発しました。イスラエルと周辺アラブ国家間の中東戦争は、1948年から1973年までに大規模な戦争が第1次から第4次まで4度起こりました。

その後、イスラエルとエジプトの和平などにより国家間紛争が沈静化して以降も、パレスチナのハマスをはじめとする非政府組織との軍事衝突は頻発しています。

世界は単一ではなく複合的で、中東にも、イスラム教とユダヤ教という、わかりあえない世界があります。

言語の壁、価値観の壁、そして、歴史観の壁があり、人間が抱く恐怖、憎悪を理解するのは容易ではありません。

そんな混沌とした中東という世界で、アメリカの支援を受けて、イスラエルは70年以上、自ら戦争で勝利して得た国土を、今日まで守り抜いてきました。

しかし、中東の反米・反イスラエル感情の激しさは筆舌に尽くし難く、イスラエルの安全保障環境は、今も非常に厳しいものがあります。

イスラエルの周辺は、パレスチナのガザ地区に過激派組織ハマス、隣国には自国の新聞にイスラエルという国名を出さず「敵」と表現するシリア、もう一つの隣国レバノンにはイランの支持を受けたイスラム過激組織ヒズボラ、さらにはイスラエルの撲滅を掲げる大国イランの存在があります。そのイランとは2024年4月、中東史上初めて直接対決しました。いずれも、隙あらばイスラエルを地中海に沈めると息巻いています。

そのため、イスラエルは国民皆兵国家であり、1948年の建国とともに創設されたイスラエル国防軍に、満18歳で男子は3年、女子は2年の兵役に服さねばなりません(女性の既婚者は兵役が免除され、また信仰上の理由によっても女性は兵役免除が可能)。

イスラエルは国土が一部でも占領されれば、産業を含め国民にとって致命的なダメージを受ける恐れがあります。そのため、戦時には、先制攻撃を仕掛け、敵の攻撃を早期に無力化することに主眼を置いています。

99%の防御率、防空システム「アイアンドーム」

このように、安全保障環境の厳しさでは、イスラエルと日本の両国は似ていますが、私は、今の日本の方がより深刻で厳しいと思います。

長年、外交官を経験して改めてわかったことは、安全保障は最も重要な国家戦略であるということです。イスラエルは、日本の方向性を示す恰好のロールモデルの一つとなり得ると思います。

友人であるイスラエルの現役の外交官幹部は、「ウクライナの次は、台湾有事が、そこまで迫っている。日本は無防備すぎる。現下の日本の安全保障環境は厳しい。日本は安全保障を急ぐ必要がある。日本人はもっと目覚めなければならない。日本はイスラエルから学ぶことが多い」と述べました。

「日本人には、自分の命を自分で守るための行動が必要だ。これは意識の問題だ。国民の意識があれば、政府を動かして、変えられる。安全保障に関わる法律も、予算も。その点、イスラエルは国民の意識が高い。イスラエルは自分たちの国を戦争で勝ち取った国であり、イスラエルはユダヤ人の命の証。日本は平和があまりに長く続いたために、日本人は迫り来る危機を意識できていないように思える。そもそも何が危機で、何が脅威なのかが大半の国民はわからないし、政府はもっと丁寧に危機を訴えるべきと思う」

そういうイスラエルも、安全保障の重要性が改めて身に染みたのが、2023年10月のハマスによる奇襲でした。

奇襲を許したネタニヤフ首相は現在も、国民の激しい批判を浴びています。また、2024年4月にはイランによる本土攻撃を受けましたが、イスラエル軍による防空システム「アイアンドーム」が機能し、その際、99％迎撃していたといいます。ということは、奇襲のほとんどを迎撃できたことになるのです。

シリコンバレーのようなスタートアップ企業の天国

ハイテク国家のイスラエルは、〝中東のシリコンバレー〟と呼ばれています。

アップル、グーグルをはじめとする、グローバル企業の拠点が300社以上あり、年間1000社以上のハイテクスタートアップ（急成長をする組織、ベンチャー企業）が生まれており、世界的な「イノベーション創出地」として定評があります。

一方で、グローバル企業が毎年100社以上スタートアップを買収するなど、エコシステムが成熟しています。

エコシステムとは、独立した企業や事業、製品、サービスなどが相互に依存し合って一つのビジネス環境を構成する様子を、生物の生態系になぞらえたものです。

イスラエルは、国民1人当たりのVC（ベンチャーキャピタル）投資額、R&D（研究開発）投資額の対GDP比率、米国NASDAQ上場の米国以外の企業数、1万人当たりのエンジニア数、ノーベル賞自然科学系3賞受賞者数においても世界で一、二を争う科学技術先進国です。

近年、テクノロジー業界でトップに君臨するアップル、グーグル、シスコ、インテル、マイクロソフト等は、拠点だけでなく、潤沢な資金を用意し、VC機能を持ち合わせ、イスラエルの「頭脳」を取り込むため、優秀なスタートアップ企業に、投資、多数買収を行っているのです。

では、なぜイスラエルは、〝中東のシリコンバレー〟と称されるほど、スタートアップ大国として知られるようになったのでしょうか。

そのカギは、イスラエル政府が主導して海外からの投資を呼び込んでいる点にあります。

砂漠の中だからこそ生まれた、リスクを恐れない精神

なぜ、イスラエルで優秀なスタートアップが育つのか。

ポイントは４つあります。

１つ目のポイントは、イスラエルは砂漠や沼地など地形的に多くの課題を抱えており、イスラエル人にはそれを解決しようとする「チャレンジ精神」が育っている点です。今の日本人、日本企業に最も欠けているものです。まず、「トライ」してみるこ

とです。日本人の、日本企業の大好きな「リスク・ファースト」では、この時代に世界で生き抜くことはできません。

イスラエルを繁栄させるためには、テクノロジー大国となることが必要でした。たとえば、砂漠の中で農業をするためにはどうすればよいのか、水の確保はどうするかといった課題と向き合う中で、最先端テクノロジーが発展してきた背景があります。

その証拠に、70年前は沼地だったイスラエルの中心部も、今は東京のように都市化が進んでいます。

2つ目は、イスラエルの人口は1000万に満たず、面積は日本の四国と同程度であるにもかかわらず、企業活動の基本として、常にグローバル展開が視野にあることです。

そして、3つ目は、政府の支援です。

イスラエル政府はスマートトランスポーテーション（運輸業界インフラの変革）国

家戦略に投資して、自動運転の実証試験などを支援しています。2022年11月6日には、自動運転の公共バスの実証試験を行うコンソーシアム（共同事業体）を選定しました。同国のバス運行大手エゲッド（Egged）が参加するコンソーシアムなどが含まれます。実証試験は数カ月以内に開始し、期間は2年間を予定しているとのこと。イスラエル革新庁（IIA）と運輸・道路安全省、高速道路「アヤロン・ハイウェー」の運営会社が、試験を行うコンソーシアムを選び、イスラエルに加え、米国、フランス、トルコ、ノルウェーの企業が参加します。実証試験の第1期は閉鎖された区域で行い、第2期は公道を走行する予定です。

さまざまな運行モデルについて経済性や運営効率を検証することが目的ですが、公共バスの運行事業者と国内外の革新的なテクノロジー企業を結びつけるとともに、自動運転バスの安全性や環境面でのメリットを国民に知らせる効果もあると期待されているのです。ロイター通信によると、試験費用は総額1700万ドルに上ると試算されており、政府がその半分を拠出する予定です。

最後のポイントとしては、オープンカルチャーでかつ失敗を恐れず、失敗から学ぼうというマインドが挙げられるでしょう。

オープンカルチャーとは、キリスト教の「与えよ、さらば与えられん」。英語の「Give and take」。そのメッセージは、「まず提供しなさい。そうすると想像もしていなかったものが提供されますよ」。順番は必ず「提供」が先。ここがポイントです。

結局、これまでイスラエルで自動車産業が育つことはありませんでしたが、しかしデジタル時代を迎えたことで、イスラエルが得意とするセンサー、ライダー（自動運転技術）などのデジタルテクノロジーが、自動車産業をはじめとしたモビリティ（移動性、機動性）の分野で活躍できる機会が生まれました。

技術大国であることが国を守り、国を強くしています。

かつて、ものづくり大国であった日本は、今や国際市場における競争力が著しく低下し、勢いのなさが目立ちます。

世界に誇った日本の技術は、半導体からパソコン、ソフトウェア、社会のデジタル化まで、さまざまな分野で競争力を失いました。

日本が再び、技術大国として世界をリードするためには、日本の強みを生かすことが重要だと言われています。

日本の強みは、日本が誇る高度な技術力や品質及びそれを生み出す知恵にあります。

アマゾンやアップルなど国際市場で技術競争力の高い企業は、スタートアップとの提携や買収をバネに競争力を拡大していきました。

しかし、日本の大企業はインハウス（社内）ですませようとする傾向が強く、外部とのコラボレーションから生まれる新たなアイデアや革新力を発揮できないと言われています。

技術革新力を強化する上で欠かせない、スタートアップの支援や優秀な人材の育成が、他の技術大国と比べると日本は極めて弱いとされています。

日本も国家戦略として、イスラエルのように、再び技術大国を目指すべきです。

世界初培養肉ハンバーガーショップの衝撃

２０２２年３月、東京大学で、最新の技術で作った国産「培養肉」の初めての試食が行われました。

肉の細胞を培養して新たな肉を作り出す「培養肉」は、食料不足の解消や環境負荷の軽減などにつながるとされ、世界中で研究・開発競争が激化しています。

この培養肉、国内では、大学や企業の研究グループが、ステーキのようにおいしく食べ応えのある、「培養肉」の実現を目指して研究を進めてきたもの。

それに先んじて、イスラエルの食品技術企業が、その培養肉の世界初の産業用培養肉生産施設を２０２１年６月、テルアビブに近い都市レホヴォトに開設。１日にハンバーガー５０００個分に相当する５００キログラムの培養肉を生産できる能力を備えているといいます。

すでに鶏肉、豚肉、ラム肉は生産可能な状態で、牛肉もまもなく生産できるようになるそうです。

動物を飼育・繁殖させることなく、また遺伝子組み換え作物を使うこともなく、動物細胞から肉を直接生産する。これは従来の畜産の約20倍という高速の生産サイクルだとか。

2020年、世界で初めて培養肉を使ったハンバーガーショップがオープンしたイスラエルは「培養肉先進国」としても有名で、これを支援しているのが「国家」。イスラエル経済産業省傘下のイスラエル・イノベーション庁は、培養肉企業で構成される培養肉コンソーシアムに1800万米ドルの助成金を提供しました。

この助成金の額は日本の約3倍。イスラエルが培養肉に力を入れているのは、有事に備えた「食の安全保障」が目的で、食料安保にかける予算と必死さが違います。

ちなみに、それほどまでに培養肉に入れ込むのは、イスラエルにはそれだけ肉好きが多いということ。米国やアルゼンチンに次ぐほど1人当たりの肉の消費量が多く、鶏肉の1人当たりの消費量に至っては世界一です。

イスラエルでは、若い男女が徴兵に行くのは当たり前の光景ですが、もし戦争になったら、肉不足では前線の兵士や国民の士気を高めておくことができない、という国家戦略が根底にあるのです。

本当に国民を守るためには何が必要なのか。

有事など、万一のときの安全保障の本質を、イスラエルは教えています。

消費水の大半は海水を淡水化した純水

国土の60％は荒野で、乾燥地帯。淡水として使える水源は北部のガリラヤ湖及びそこから流れ出るヨルダン川のみ。

人々は水を無駄にしないよう幼い頃から教え込まれ、少雨でガリラヤ湖の水位が下がれば国内のムードも落ち込む。それがイスラエルでした。

しかし、建国から70年を超え、イスラエルはもはや水に悩んでいない。それどころか、水関連の技術で今や世界をけん引する存在にまでになったのです。

2022年5月、イスラエルの現地紙「エルサレム・ポスト」は、大気から水を作る装置を開発したイスラエル企業が、シリアで飲料水の供給を行うと報じました。シリア国内で活動する人道支援組織と協働し、学校や病院、その他の医療施設などに、飲料水製造装置を備えつけるというのです。

シリアでは、内戦が勃発した２０１１年以降の13年間で、水と衛生設備が正常に機能している場所が全土で50％にまで低下しました。

この企業の飲料水製造装置は、ソーラーパネルなどを活用して、最も小型の機種で1日当たり18〜20リットルの飲料水を製造することが可能で、最大の機種は１日当たり６０００リットルの製造能力を有しています。

イスラエルは、建国以来、国家的優先事項として、厳格な水の安全保障とともに、最先端の灌漑《かんがい》、淡水化、水処理技術を開発し、その水処理技術で砂漠を耕作することを目指してきました。

「砂漠に花を咲かせることができれば、ここに何百、何千、何百万もの人間が生きることができるだろう」

荒野だったイスラエルの地に潤いをもたらそうと奮闘した、初代首相のダヴィド・ベン＝グリオンが残した言葉です。

フォークダンス・ソングとして日本で定番の『マイム・マイム』は、イスラエル人が水を見つけたときの喜びを表現した歌であり、歌詞は旧約聖書『イザヤ書』第12章3節の「あなたがたは喜びながら、救いの泉から水を汲む」という一節から引用されています。

「マイム」はヘブライ語で「水」を意味し、この曲は掘り当てた井戸のまわりで踊り、喜びをもって水に駆け寄るユダヤ人の姿を表しているのだといいます。

逆説的にいえば、『マイム・マイム』という曲が生まれるほどに、イスラエルという国には水がありませんでした。

「だったら、作ればいい」

それがこの地で永住を決意した、イスラエルという国家の精神であり、哲学でした。

イスラエルの淡水化技術、そして水再生技術は世界でも類をみない発展を遂げています。

今やイスラエルの水消費量の大半は、海水を淡水化したものです。

その技術とは、海水に含まれている塩類を除き、純水にすること。純水とは、不純物を含まないかほとんど含まない、純度の高い水のことです。

新技術の半透膜によって塩分と水を分離する方式を確立し、高品質の真水を低コストで生み出すことに成功したのです。

半透膜とは、水など成分の一部は通しますが、他の成分は通さない膜のことです。

同じように力を入れたのが水再生技術。下水の浄化率はイスラエルが83％で世界1位、2位のスペインが12％、日本が2％にも満たないことを考えると、そのすごさがわかります。

必要こそが、まさに発明の母なのです。

このほか、水道管の内部でごく小規模な発電を行い、その電力で流量をはじめとするモニタリングを行う技術、アフリカの僻村《へきそん》などでも安定した水供給が可能になる太陽光発電による井戸水の汲み上げシステムなど、イスラエル企業が生み出している新技術は枚挙に暇《いとま》がありません。

水についての知見が経済、政治、外交といった面で大きな可能性を持つことをイスラエル政府は認識しており、同国の経済産業省は実用化に焦点を当てた技術育成や教育新興、研究助成などを果敢に進めています。

ハイテク農業で食料自給率は90％以上

イスラエルは乾燥地帯といった制約に加え、隣国との緊張関係もある中で、食料の確保は死活問題であり、それを克服するために、国をあげて独自の農業技術を開発し、不可能と思われることを可能にしてきました。

イスラエルの食料自給率は90％以上。年間降水量が平均700ミリ以下、南部では50ミリ以下という過酷な環境を考えると、驚くべきものがあります。

イスラエルの高い食料自給率を支える要因は、ハイテク農業（アグリテック）です。

水再生技術で浄化した水は、飲用には適しませんが農業には利用できます。

生きるためとはいえ、砂漠で農業を行うことは困難を極めます。

気温は高く、湿度が低いこの地では、水はすぐに蒸発し、塩分が土中に蓄積してしまいます。水の利用効率が極端に悪いのです、その状況を打破したのが、1965年に開発された点滴灌漑という技術です。プラスチック製のパイプを通して、作物を育てるのに必要な場所だけに水を届ける技術は、蒸発を抑制し、利用効率を上げます。

さらには、届く水の成分まで管理できるため、塩害対策も容易。しかも、点滴灌漑は、ますます発展を遂げています。

肥料や農薬を水に入れて効率的に散布することもできる上に、インターネット経由で、どこからでも農地の管理が可能に。

広大な農地の広がるアメリカの大規模農家でも、イスラエルのこの点滴灌漑技術の導入が進んでいます。

イスラエルのテクノロジーで管理する農業で生産された、主な農産物は、じゃがいも、トマト、ピーマン、かんきつ類、なつめやし等です。

そして、イスラエルから日本に輸出されている農産物は、グレープフルーツ・ポメロジュース、レモンジジュース、オレンジジュース、生鮮・乾燥果実等のかんきつ類が上位です。

一方、温暖な気候、四季に恵まれ、水に不自由しない我が日本の食料自給率は２０２０年度で37％、２０２１年度で38％と、イスラエルと比べると驚くほど低い数値です。食材や食料は、日本で作るより外国から輸入した方が安いというのが理由です。

尖閣・台湾有事が起こると、台湾の南のバシー海峡の交易路が断たれます。輸入依存度の高い日本へ向かうタンカーをはじめ、輸送船の経路も断たれます。その中には、天然資源や食料を搭載した輸送船もあることでしょう。

それらの船はというと、安全確保のために、台湾の東の太平洋を迂回《うかい》して日本に向かうことになります。

日本に無事着いたとしても、迂回した分、輸送代が高くなり、また、戦争の危害が及ぶ恐れがあり、保険代も割増しになります。それらは物価高となって市民の食卓を直撃します。食料を手に入れることのできない国民が急増する事態となります。

軍事費増とともに、食料自給率を上げる政策と努力が早急に求められています。

不妊治療助成、教育無償化で先進国第1位の出生率

世界銀行の2022年の合計特殊出生率の調査によると、女性1人当たりの出生数はイスラエルが2・90で、ヨーロッパを中心に日米を含め38か国の先進国が加盟する国際機関OECD（経済協力開発機構）加盟国の中で第1位でした。日本は1・26人で、イスラエルの出生率は日本の倍以上です。

イスラエルの人口の大半はユダヤ人で、「産めよ、増やせよ、地に満ちよ」というユダヤ教の教えがあり、厳格なユダヤ教徒はこの教えを守り、できる限り子どもを産みます。とはいえ、出生率の高さに驚く日本人も多いのではないでしょうか。

イスラエルには、幸せは子どもが運んでくるという意味の「子どもは幸せ」ということわざがあるほど、イスラエル人は子どもに関することはすべて善いことだと捉えています。

イスラエルは子育てしながら働く女性が多い国ですが、出生率が高い背景には、子育てを負担だと感じることのない社会システムがあります。

イスラエルでは、女性が45歳になるまでは、現在のパートナーとの間に2人の子どもを得るまでの期間、体外受精の費用が全額、国の保険で賄《まかな》われ、不妊治療を無料で受けることができます。そのためか、1人当たりの不妊治療回数は世界で最も多くなっています。

不妊や、月経、妊娠、更年期、婦人科系疾患など女性が抱える健康上の課題を、テクノロジーで解決するフェムテック分野の企業がイスラエルには約100社あり、現在も数を増やしています。

フェムテックはFemale（女性）とTechnology（技術）を掛け合わせた造語で、女性の社会進出、活躍を推進するものとして注目されています。

中東最大のイスラエルの国立病院内にフェムテック専門のイノベーションセンターが設置されるなど、国全体で研究開発を支える仕組みがフェムテック企業が多く生まれている背景です。

イスラエルでは出産に関する制度も充実しており、妊婦検診から出産まで、国が全額費用を負担します。

また、出産前の産休は3カ月半取ることができ、その間、産休前の給与が補償されます。有休を使用すると2カ月半の休暇を取ることができ、無給の休暇を加えて1年間休むこともできます。

ただ会社は、出産による休暇が半年を超えるとポジション確保の義務がなくなるため、多くの女性は半年で復帰するようです。

しかし、スタートアップが盛んなイスラエルは転職しやすい環境にあるため、ゆっくり子どもと時間を共にした後に、新たに職を探す女性もいます。

教育については、小・中学校が義務教育の日本と異なり、イスラエルでは3歳から18歳まで、幼稚園から高校までが義務教育で、公立であれば授業料は無償です。私立、公立をあわせて幼稚園と保育園の数が多いため、日本のような待機児童問題は存在しません。

子育て世帯では、ベビーシッターを日常的に利用しています。

ベビーシッターは主に高校生のアルバイトなので、安く利用できます。

また、家事代行サービスも頻繁に利用されています。気軽に利用でき、「時間をお金で買う」という価値観が浸透しています。

そのため、保護者は子どもを他人に預けることに抵抗がなく、夫婦だけでディナーに行くことも、子どもを祖父母に預けて海外旅行に出かけることも珍しくありません。

いち早くAI（人工知能）への巨額の投資

現代のハイテク業界において、ＡＩはもはや単なる未来的な概念ではなく、イノベーションと進歩の中心的な柱となっています。世界はＡＩ革命を目の当たりにしており、企業も消費者も同様に、平凡な作業から複雑な意思決定プロセスまで、多くの用途にＡＩ主導のソリューションを取り入れています。

ＡＩを中心としたテクノロジーへのシフトは、単なるトレンドではなく、世界的に産業を再定義する変革です。

この進化する展望の中で、イスラエルは、生成系ＡＩの領域で顕著な敏捷性と先見性を示しながら、自らを重要なプレイヤーとして位置付けています。イスラエルの新興企業や既存企業が最前線に立ち、イノベーションを推進し、ＡＩ能力の新たな基準を設定しています。彼らの貢献は、世界の技術コミュニティにおけるイスラエルの地位を高めているだけでなく、世界のＡＩ開発の未来を形づくっています。

ジェネレーティブＡＩのリーダーとしてのイスラエルの地位は、そのダイナミックなハイテク産業とＡＩ開発への戦略的重点の明確な反映です。

イスラエルのＡＩ技術への投資は相当なもので、この先端分野へのコミットメントを示しているのです。

イスラエルのＡＩスタートアップは、２０２０年の22・5億ドルから２０２１年には約29億ドルの資金を確保し、目覚ましいレベルの資金を引き寄せています。この投資の急増は、イスラエルのＡＩ能力とイノベーションの可能性に対する世界的な強い信頼を示しています。この投資は最先端の研究を促進するだけでなく、学術機関とハイテク産業との連携を強化し、ＡＩイノベーションのための活発なエコシステムを作り出しています。このように、ＡＩ分野におけるイスラエルの成功は、多額の資金投資と、技術進歩に対する先見的で献身的なアプローチの両方から生み出されたものです。

サイバーセキュリティ企業４６０社以上が最前線で国を守る

イスラエルは、サイバーセキュリティの新興企業４６０社以上を擁し、サイバーセキュリティ革新の最前線に立っています。

その多くは、イスラエル国防軍8200部隊の退役軍人が創設したもので、1952年の創設以来、イスラエル国家の防衛に不可欠な要素となっている伝説的なサイバーセキュリティ及び諜報部隊です。

そのためイスラエルは、人命を救い、世界経済のセキュリティを強化する技術の革新において、世界をリードしているのです。

サイバーセキュリティは、テクノロジーの世界で最も重要な産業として最前線に登場しました。

世界経済のデジタル化はますます進み、企業は従来のネットワークからのクラウドインフラへのデータ移行に取り組んでいます。

このため、クラウドインフラを守り、ビジネス情報システムやデジタル化された個人情報（PII）を保護するための大規模な動員努力が必要となっているのです。

イスラエルのサイバーセキュリティ業界は、堅牢なサイバーセキュリティの必要性と活発な新興企業エコシステムに後押しされ、技術革新におけるグローバルリーダーとしての地位を確立しています。

クラウドインフラのセキュリティ確保と進化するサイバー脅威への対応に重点を置くイスラエル企業は、最先端のソリューション開発の最前線にいます。

これらの企業は、イスラエルの国防に大きく貢献しているだけでなく、世界経済とデジタル社会を守る上で重要な役割を果たしているのです。

世界がますますデジタル技術に依存するようになる中、イスラエルのサイバーセキュリティ・イノベーションは、世界のセキュリティに永続的な影響を与える態勢を整えています。

このように、イスラエルという国は、自らの生存をかけて、また明るい未来への布石として、先端技術をはじめ多くの分野で世界を、そして中東の未来をリードしているのです。

第2章　中東のリーダー・サウジアラビアと日本はどうつきあうべきか

若きムハンマド皇太子が治める親日国

皆さん、サウジアラビアにどのようなイメージをお持ちでしょうか。

サウジアラビアは日本の原油輸入先の第1位。日本人の生活の安定にとって最も重要な国と言っても過言ではありません。それほど重要な国ですが、砂漠の王国、石油が出る国だけのイメージで止まっているとしたら大きな間違いです。

近年のサウジアラビアでは、若きムハンマド・ビン・サルマン皇太子（38歳）が国の事実上の権力者となって、大きな変革期にあります。2018年まで女性の自動車運転は禁止でしたが、それも今では自由に行われています。また、2019年には日本を含む世界49か国に対して、観光ビザの発給を開始しました。同国が当初設定した観光客の目標は2030年までに1億人でした。しかし、7年も前倒しして、2023年に達成しました。現在は、2030年までに1億5000万人という目標を打ち出したのです。

私は、現在、ビジネスコンサルタントとして、毎月、サウジアラビアに出張していますが、その発展には目を見張るものがあります。

外務省勤務時代、私は、天皇陛下、総理大臣のアラビア語通訳として、日本とサウジアラビアの外交の最前線で、橋渡しをしてきました。

思い出に残るのが、2007年に、安倍晋三総理（当時）がサウジアラビアを訪問し、当時のアブドッラー国王（2015年逝去、現在はサルマン国王ですが、息子のムハンマド皇太子が実権を握っています）との首脳会談での通訳を務めたことです。

その前年の2006年4月、故スルターン皇太子（副首相、国防・航空相兼総監察官）が日本を訪問し、小泉純一郎総理（当時）とともに、「日本・サウジアラビア王国間の戦略的・重層的パートナーシップ構築に向けた共同声明」を発表しました。これを受けて安倍総理がサウジアラビアを訪れ、この相互訪問によって両国間の歴史は新しい時代の幕を開け、政治、経済、文化、科学のすべての分野で「戦略的・重層的パートナーシップの発展」を目指すことになりました。

また、2013年4月には、安倍総理が2度目のサウジアラビア訪問を行い、両国は資源・エネルギーのみならず、防衛、インフラ整備、農業、医療などさまざまな分野で協力を進めることとし、「包括的パートナーシップの強化に関する共同声明」を発表しました。

2014年2月には、サルマン皇太子（現国王）が日本を公式訪問され、当時の天皇陛下、徳仁《なるひと》皇太子殿下と会見されご親交を深められました。

2015年、日本とサウジアラビアは国交樹立60周年を迎え、さまざまな記念行事が両国において開催され、サウジアラビアより大規模な代表団が来日し、サウジアラビア政府による「日本・サウジアラビア外交関係樹立60周年記念フォーラム」が盛大に開催されました。サウジアラビアの民族、芸術、歴史等を紹介する展示会や講演会、民族舞踊ショーなどが行われました。

日本とサウジアラビアは、歴史的に友好関係にありましたが、特に安倍総理の時代には、その関係は大きく進展しました。

２０２０年１月の安倍総理の最後の外遊先は、サウジアラビアを含む中東３か国。サウジアラビアでは将来のカギを握るムハンマド皇太子の別荘に招かれ、それは今でも日本とサウジアラビアの関係の大きな資産になっています。

大阪万博の次は2030年、リヤド万博

２０２３年11月28日、博覧会国際事務局（ＢＩＥ、本部パリ）の総会は、２０３０年国際博覧会（万博）をサウジアラビアの首都リヤドで開催すると決定しました。開催を競った韓国・釜山《プサン》、イタリア・ローマに投票で圧勝でした。リヤドでは「変化の時代　共に先見性のある明日へ」をテーマに、２０３０年10月１日から２０３１年３月31日まで万博を開く予定です。

パリ近郊で開かれた総会では3か国による誘致に向けた最終プレゼンテーションの後、ＢＩＥ加盟国による投票が実施されました。サウジアラビアが規定の3分の2超となる１１９票を集めて開催が決定し、韓国支持は29票、イタリアは17票でした。

中東での万博開催は２０２１年10月から翌年3月にアラブ首長国連邦（ＵＡＥ）で開催されたドバイ万博以来で、２０２５年の大阪・関西万博の次はまた中東に開催地が移ることになります。

世界における中東の地位が高まっている象徴とも言えるでしょう。サウジアラビアはドバイ万博の2倍近い４０００万人以上の来場者を想定した大規模な開催計画を策定し、ムハンマド皇太子を中心に誘致運動を展開してきました。

また、２０２３年10月31日、国際サッカー連盟（ＦＩＦＡ）は、２０３４年ワールドカップ（Ｗ杯）のホスト国としてサウジアラビアが唯一の候補になったと明らかにしました。ＦＩＦＡは10月4日、10月31日の締め切り日までにアジアとオセアニアからの立候補を要望し、サウジアラビアはその直後に立候補を表明していました。一方、立候補を検討していたオーストラリアは10月31日に断念。日本もサウジアラビアの開催を支持しました。

ドラゴンボールパークがサウジアラビアにできる

２０２４年3月22日、サウジアラビア政府は日本の人気漫画『ドラゴンボール』のアニメを主題としたテーマパークを建設すると発表しました。

『ドラゴンボール』を主題としたテーマパークは、世界で初となります。

この計画は、サウジアラビア政府が１００％出資している投資会社「キディヤ・インヴェストメント・カンパニー（ＱＩＣ）」と、日本で『ドラゴンボール』のアニメシリーズを制作している東映アニメーションの「長期的な戦略的パートナーシップ」の一環です。

キディヤは、サウジアラビアの首都リヤド近郊に築かれている、巨大な娯楽・観光プロジェクト。テーマパークの広さは50万平方メートル。テーマパークの中央には全高70メートルの「神龍《シェンロン》」が据えられ、アトラクションの数は少なくとも30になる予定です。

「神龍」の中を通り抜ける大型ジェットコースターも設置されます。サウジアラビアは、化石燃料に依存した経済から脱却するため、こうしたプロジェクトに大変力を入れているのです。

『ドラゴンボール』は、2024年3月1日に急性硬膜下血腫で亡くなった漫画家の鳥山明さんの代表作。1984年に連載が始まりました。1986年から1997年まで放送されたテレビアニメシリーズは、平均視聴率20%を維持し多くの言語に吹き替えられて、80か国以上で放映されました。続編や映画も数多く制作されています。

政府役人一人一人に与えられた「ビジョン2030」

これからのサウジアラビアを知る上で欠かせないのが、国家ビジョンたる「ビジョン２０３０」です。日本もこのような国家ビジョンを持ちたいものです。

実際、私がビジネスコンサルタントとして、サウジアラビアの各役所、関係機関と接触すると、局長クラスは、「ビジョン２０３０」に基づく明確な目標を与えられており、未達の場合は自らの昇進に影響が及ぶとして、かなりの厳しさのもとで仕事をしています。

一昔前のアラブ諸国の役人の面影は、現在のサウジアラビアには見当たりません。

その背景を説明しましょう。２０１６年4月25日、サウジアラビア政府は、サルマン国王主宰による閣議を開き、経済開発評議会（ムハンマド副皇太子〈当時〉が議長）が作成した２０３０年までの経済改革計画「ビジョン２０３０」を承認しました。

同日、ムハンマド副皇太子が同計画について記者会見で発表したほか、『アル・アラビーヤ』放送においてインタビューに答え、石油依存経済から脱却し、投資収益に

「ビジョン2030」による2030年までの目標

活気ある社会	確立された価値	ウムラ(小巡礼)の受入許容者数を年間800万人から3000万人に増やす
		UNESCOの世界遺産登録数を2倍以上にする　※2016年現在4件
	生活の充足	国内における文化・娯楽活動への個人消費を2.9%から6%に上げる
		少なくとも週に1回運動する人の割合を13%から40%に上げる
		3都市を世界の都市トップ100にランクインさせる
	強固な基盤	社会関係資本指数(SCI)で26位から10位になる
		平均寿命を74歳から80歳にのばす
盛況な経済	地理的位置の利用	物流効率指数(LPI)で49位から25位になる
		石油を除いたGDPにおける非石油製品の輸出の割合を16%から50%に上げる
	効果的な投資	世界第19位から世界第15位の経済規模の国家になる
		石油・ガス部門におけるサウジ人率を40%から75%に上げる
		公的投資基金(PIF)の資産を6000億リヤールから7兆リヤール(約1.9兆ドル)に増やす
	オープンなビジネス	国際競争力指数(GCI)において25位から10位になる
		GDPに占める海外直接投資の割合を3.8%から5.7%に上げる
		GDPに占める民間部門の貢献の割合を40%から65%に上げる
	豊富な機会	失業率を11.6%から7%に下げる
		GDPに占める中小企業の貢献の割合を20%から35%に上げる
		労働力に占める女性の割合を22%から30%に上げる
野心的な国家	効果的な統治	非石油政府収入を1630億リヤールから1兆リヤール(約2700億ドル)に増やす
		世界ガバナンス指標(WGI)で80位から20位になる
		電子政府開発指数(EGDI)でトップ5に入る
	責任ある国民	世帯収入に占める貯蓄率を6%から10%に上げる
		GDPに占める非営利部門の貢献の割合を1%未満から5%に上げる
		年間100万人のボランティアが非営利部門で従事する(現状1.1万人)

出所:「ビジョン2030」公式ホームページ〈https://www.vision2030.gov.sa/ar〉

基づく国家を建設していくことを強調しました。

発表された同計画における目標は前頁の表のとおりです。また、これらの目標を達成するための手段として、国営石油会社サウジアラムコの5％未満の新規株式公開（IPO）、民営化による透明性の向上と汚職抑制、軍事産業の育成による国内調達の軍装備品支出の割合を50％まで拡大、外国人による長期的な労働・滞在を可能にするグリーンカード制度の5年以内の導入などがあわせて発表されました。

これを受けて、日本がこのビジョンにどのように貢献するべきかを示したのが、「日・サウジ・ビジョン2030」です。二国間協力プロジェクトの進展と今後の具体的なアクションを取りまとめた文書として、初版（2017年3月）が安倍元総理とサルマン国王により発表されて以来、随時改訂されています。

未来都市NEOMが生まれる

現在、勢いにのるサウジアラビアが果敢に仕掛けた構想、それがNEOM《ネオム》です。

NEOMという名称は、「新しい未来」を表現する2つの言葉に由来します。最初の3文字は、ギリシャ語で「新しい」を意味する接頭辞ネオ（neo）。最後の1文字は、アラビア語で「未来」を意味する単語「ムスタクバル（mustaqbal）」の頭文字です。

ムハンマド皇太子直轄の下、世界の科学技術をリードしよう、人類の未来はサウジアラビアがリードしようという、野心的な情熱がここには感じられます。

サウジアラビアの温暖な北西部に位置するNEOMは、太陽の光がさんさんと降り注ぐビーチと雪を頂いた山々のどちらも見られる多様さがあります。

NEOMでは周辺の自然環境の95％を保護しながらも、ここに暮らす人々に上質な暮らしを提供。新たな理想郷、起業家精神をはぐくむ活気ある研究所、夢を抱く人や行動する人が集うグローバルコミュニティの拠点を構築しようとしています。

すでにNEOM Bay空港がオープンし、首都リヤドから毎日運航しています（金曜を除く）。また、約3000人の職員が、空港周辺に居住し、職員のための食堂も用意されています。息をのむほど美しい自然に囲まれ、先進的な破壊的イノベーションを活用し、最先端の産業用発電所も擁し、都市生活に革命をもたらすのがＮＥＯＭです。

つまりＮＥＯＭは、すべての人に喜びを与える多様な場所であり、世界中のどこにも似ていない場所、これまでにない発想ができる人たちが集う場所です。だからこそ、より良い未来を創造し、地球規模の課題に対処していくことができるのです。

ゼロカーボン、循環経済、そして革命的なデザインにより都市のスプロール現象を改善し、暮らしやすさを高め、ひいてはビジョン２０３０の実現に寄与することになります。

また、ＮＥＯＭは経済特区なので、複数のセクターでの革新的な業績により、サウジアラビア経済に多角化をもたらすだけでなく、サウジアラビア以外の国が恩恵を受けるソリューションをもたらすことにもなります。低迷する日本、閉塞的な日本社会がまさに理想とすべきモデルが、サウジアラビアにはあるのです。ＮＥＯＭの構成の詳細を少し見ていきましょう。

4つの地域からなるスマートシティー

超高層ビルがどこまでも続くメガシティー・プロジェクト「THE LINE」は、3年前の発表以降、その極めて野心的なデザインで話題を呼んでいます。

このメガシティーは、サウジアラビアが思い描く未来都市NEOMを構成する4地域の一つに過ぎません。

サウジアラビア北西部のタブーク州で進行しているこの壮大な計画は、首相でもあるムハンマド皇太子と、英国を本拠とする構造工学コンサルタント、ビューロ・ハッポルド（Buro Happold）の元CEO、ロジャー・ニッケルズ氏が主導しています。

建築設計については、世界各地の建築設計事務所が担当。米国のモーフォシス（Morphosis）、英国のザハ・ハディド・アーキテクツ（Zaha Hadid Architects）、オランダのUNスタジオ（UNStudio）とメカノー（Mecanoo）、香港のアエダス

（Aedas）です。

ＮＥＯＭを構成する４つの「地域」は、SINDALAH、TROJENA、OXAGON、そしてこのTHE LINEです。プロジェクトに関わる国際チームは、スマートシティー技術を取り入れ、未来的な都市計画を実現することで、「都市生活を再構築」したいと考えているのです。

ＮＥＯＭの都市計画責任者タレク・カドゥミ（Tarek Qaddumi）氏は、この未来志向のビジョンについて語った際、超効率性とカーボンニュートラルというチームの目標を以下のとおり設定しています。

SINDALAH……ハイテク観光地

SINDALAHは、ＮＥＯＭで最初に設計された地域で、島が持つリラックスした雰囲気と、新時代のラグジュアリーが融合したハイテクな観光地です。

ＮＥＯＭプロジェクトが「一年を通じて理想的な気候」と表現する紅海沿いの立地を生かして「自然を拡張」する、「責任あるデザイン」の取り組みを始動させており、いくつかのリゾートはすでに完成しています。

TROJENA……山岳地帯の900万人の居住地

TROJENAは、タブーク州の山岳地帯に計画されています。

面積は約60平方キロメートルで、アカバ湾から50キロメートル、標高１５００～２６００メートルの場所に建設される予定です。

２０２４年初頭から着工されており、２０２９年のアジア冬季競技大会の会場になることがすでに決まっています。

OXAGON……世界最大浮体構造物

OXAGONは、世界最大の浮体構造物になる予定です。

アジア、ヨーロッパ、米国東海岸を結ぶ海上貿易船舶の約13％が通過するスエズ運河のすぐ南に、紅海に突き出すように作られます。２０３０年の完成を目指し、２０２４年末までに22％が完了する予定です。

THE LINE……100％再生可能エネルギーの空中都市

ギガシティーＮＥＯＭで最も有名な地域が、このTHE LINEです。海抜５００メートルという高さで、幅２００メートル、長さ１７０キロメートルという、背が高く細長い都市になる予定です。

居住者は、徒歩５分圏内で日常のニーズをすべて満たすことが可能で、自然と触れ合うこともできるのです。

ＡＩを活用し、すべてがインターネット接続されているこのコミュニティの発展は、１００％再生可能エネルギーで実現される予定です。

これら4つのインフラに加え、教育、研究、イノベーションに関するERI（Education、Research、Innovation の頭文字をとっています）部門が、NEOMの知的拠点としてすでにオープンしています。NEOMと日本の関係強化のため、2024年5月4日、河野太郎デジタル大臣は、日本の現職閣僚として、初めてNEOMを公式訪問し、「THE LINE プロジェクトなどを視察されました。このようにNEOMをめぐる動きは加速化しています。

世界が注目する未来投資会議

現在のサウジアラビアがいかに世界のビジネス界から注目されているか、その象徴が「未来投資会議」です。正式には Future Investment Initiative（FII）と呼びます。

2017年に始まったこの会議は昨年（2023年）で第7回。リヤドで10月24日から26日まで開催され、90か国以上から約6000人が参加、投資総額は179億ドルに達しました。初日には、国賓として公式訪問していた韓国のユン大統領が登壇し、ムハンマド皇太子（首相）も出席しました。日本の総理がこの場で演説する日はいつになるのでしょうか。日本が中東で出遅れている証左でもあります。

第3章 なぜ中東は日本にとって重要なのか

原油依存度は95%を超える

すでに触れたように、日本は原油のほとんどを中東からの輸入に依存してきましたし、今でもそうです。

日本は、海外からの原油輸入依存度が99・7%と極めて高い中、特に中東への依存度が高く、2022年度は原油輸入量の約95%が中東からでした。

国別では、2021年、2022年ともにサウジアラビアが最多、次いでUAEが多く、両国だけで輸入量全体の約8割を占めます。

この傾向は、資源エネルギー庁によって石油統計が公表されている1988年から継続しています。

昨年（2023年）は、エネルギー危機や空前の物価上昇を引き起こした第1次オイルショック発生から半世紀でした。また、2022年はロシアによるウクライナ侵攻で、エネルギー危機が再度表面化しました。第2次世界大戦終結後の日本は、石炭や鉄鋼に政府資金や資材、労働力を重点的に配分し、経済の立て直しを図りました。鉄道輸送や重工業に欠かせない石炭の増産は、戦後の経済復興をけん引し、日本は高度経済成長期に突入します。

しかし、石炭産業は物価上昇に伴う採掘コストの増大により、採算性が徐々に悪化していきました。エネルギー供給の中心は国内産の石炭から海外産の石油へ転換。増加する電力需要への対応で、石油を燃料とする火力発電所の建設も急ピッチで進み、石油への依存度はどんどん高まっていきました。

当時の日本は、1次エネルギーの供給に占める石油の割合がおよそ4分の3まで高まっており、その大半を中東からの輸入に依存していました。人々の生活や経済を大きく揺るがした1973年の第1次オイルショックは、このような状況下で起こりました。

1973年10月に勃発した第4次中東戦争を機に、イスラエルと対立するアラブ諸国は原油の減産と反アラブ諸国への供給制限、輸出価格の大幅な引き上げを実施。翌年1月には国際原油価格がそれまでの約4倍に高騰する非常事態となりました。

原油価格高騰などの危機に直面した政府は、石油の需要抑制に乗り出します。政府の行政指導を踏まえ、日本の電力業界も1973年11月から大がかりな節電運動を実施しますが、1974年1月には、政府が戦後初となる電力使用制限令を発布する事態となり、需要家に使用量の削減、ネオンや広告灯など不要不急の電気使用の原則禁止が課されました。

しかしそれでも石油関連商品や電気料金の値上げは避けられず、消費者物価指数は1972年の前年比4・9%増から1973年には同11・7%増、1974年には同23・2%増へと推移します。第1次オイルショックを経て、高度経済成長期は幕を閉じました。日本はエネルギー安全保障の重要性を痛感することとなったのです。

オイルショックを経験した日本はその後、石油の安定的な確保に取り組んでいくことになりました。

エネルギー供給もリスク分散する時代

1970年代末にイラン革命が発生し、その後のイラン・イラク戦争（1980年―1988年）勃発によってイランの原油生産量が激減し、国際原油価格が大幅に上昇した第2次オイルショックも発生しましたが、日本では第1次オイルショック後にさまざまな措置を講じてきたこともあり、大きな混乱は生じませんでした。

2度のオイルショック後も日本では引き続きエネルギー源の多様化・最適化が進められました。この間、脱石油依存政策で、液化天然ガス（LNG）や原子力の比率は大きく上昇し、1次エネルギーとしての石油依存率は1973年度の75・5％から2010年度には40・3％まで低下しました。

しかしこの状況も、2011年の東日本大震災と東京電力福島第一原子力発電所事故で一変します。事故を受けて、1次エネルギーの10％以上を担うまでになっていた原子力発電所は軒並み稼働を停止し、これを補う形で火力発電所の稼働が増加し、現在に至るまで化石燃料への依存度は高止まりしています。

こうした中、2022年2月に始まったロシアによるウクライナ侵攻は、特定の国や地域に資源を依存することのリスクを再認識させる出来事となりました。

脱ロシアの流れが鮮明になると、化石燃料の供給バランスは激変し、日本はエネルギー供給源多角化のために導入したロシア産LNGが途絶する可能性も視野に入れなければならなくなりました。その分、中東への依存度が上がることになったのです。現在、中東をより理解して、中東諸国との関係を強化していくことがますます求められるようになっています。

その中東では、1991年の湾岸戦争、2003年のイラク戦争、2011年のアラブの民主化運動「アラブの春」の発生等はありましたが、特に2023年10月のハマスによるイスラエル攻撃が起こるまでは、近年比較的安定しており、それに比例して日本でも中東のニュースはほとんど報じられなくなっていました。

しかし、その間、実際は、特に経済面でダイナミックに動いていたのです。

政治主導から経済主導へ変化する中東

ここで、近年の中東の動きを、世界の動きと関連付けてもう少し見ていきましょう。

2022年2月24日に始まったロシアによるウクライナ侵攻で、世界各国は外交戦略の練り直しを迫られましたが、なかでも、発足当初から「脱・中東」「対中国シフト」を鮮明にしてきた米国バイデン政権は、ロシアのウクライナ侵攻により、ロシア・欧州フロントに重点を置かざるを得なくなりました。

同時に、原油価格高騰によるエネルギー安全保障の観点から、豊富な石油資源を有する「中東、特に湾岸産油国」の重要性を再認識せざるを得なくなっていました。2022年7月のバイデン大統領のサウジアラビア訪問はその証左でした。

近年の中東では、この米国バイデン政権と湾岸産油国との民主主義、人権の価値観をめぐる冷却化した関係、イランの核合意の再建の行方、イラク、アフガニスタン、イエメンにおける「テロとの闘い」、イランとイスラエルの核開発に関わる攻防等さまざまな地政学的リスク要因が存在していました。

しかし、同時に、２０２０年8月の、イスラエルとＵＡＥ、バーレーンの国交正常化合意（これをアブラハム合意と呼びます）に基づく中東経済圏の拡大や、２０２３年3月10日の、中国の仲介による、サウジアラビアとイランの外交関係正常化合意、また、すでに述べたサウジアラビアをはじめ湾岸諸国における「脱炭素社会の実現」（ビジョン２０３０など）の推進、ＵＡＥがホスト国としての２０２３年の国連気候変動枠組条約（ＵＮＦＣＣＣ）第28回締約国会議（ＣＯＰ28）の開催、といった経済・ビジネス面の新たな動きが加速化していたのです。

ロシアのウクライナ侵攻がもたらしたもの

ロシアのウクライナ侵攻により、地政学、エネルギー安全保障の観点で、中東各国（特にサウジアラビア、ＵＡＥ、トルコ）の影響力が拡大し、中東が国際秩序、グローバル経済の行方のカギを握っていると言っても過言ではありませんでした。

中東の地政学的観点では、サウジアラビアとイランの外交関係正常化合意を中国が仲介したことは、中国が中東で、一帯一路構想の実現のための「経済的」影響力のみならず、「政治的」影響力も有したことの証左でした。

バイデン政権にとっては、これまで圧倒的な軍事的・政治的影響力を有してきた中東を中国に明け渡すことは、アメリカの中東政策、ひいては外交政策全体に汚点を残すことにもなりかねません。

２００１年の米国同時多発テロ後のアフガニスタン戦争、２００３年のイラク戦争で、米国は中東での大きな負の外交遺産を背負うことになりました。アメリカ国民の厭戦ムードが高まる中、中東におけるアメリカの軍事的・政治的関与をオバマ政権以降低減させてきたこととの結果でした。

以上のような経緯から、近年、アラブ諸国は、アメリカに依存しない自国の安全保障につき真剣に模索していました。

イスラエルとアラブ諸国でイラン包囲網を形成する動きがある一方、本音では核開発を進めるイランを警戒していたサウジアラビアは、イランとの緊張緩和を図ることで、イエメン内戦をはじめ地域情勢の安定化、自国の安全保障の強化につなげたいとの思惑があり、域内に「敵」を作らないことを最優先しました。

一方、イランでは、2022年のアメリカ中間選挙の結果、下院で、イランの核合意に反対の共和党が勝利したため、イランの核合意の再建や制裁解除の見通しが遠のく中、核合意を通じたアメリカとの関係改善より、中国に花を持たせ、中国との経済関係強化による自国経済の回復を選択しました。

また、ウクライナを侵略するロシアへの無人機（ドローン）支援や国内のデモ弾圧で欧米などから非難を受ける中、サウジアラビアとの関係修復によって孤立を回避し、域内での自国の安全保障を強化する狙いもあったと見られています。このように、2023年9月までは、中東は、「対立」から「和解」へ、「政治」から「経済」へと向かっていたのですが、同年10月7日に発生したハマスによるイスラエルへの攻撃で事態は一変しました（この背景については、第5章で詳しく説明）。

この攻撃では、200人以上が人質となり、イスラエルはガザへの地上侵攻を、人質解放とあわせて実施しなければならず、イスラエル史上未曽有の事態となりました。

原油価格高値安定は生活に直結

ロシアのウクライナ侵攻で、中東への原油依存度がさらに高まる我が国にとっても、中東の安定は不可欠であり、2023年10月のハマスによるイスラエル攻撃で特にこのパレスチナ問題の解決の重要性が再認識されました。イスラエルとパレスチナ独立国家が共存する「二国家解決」への道は容易ではありませんが、国際社会が、イスラエルとパレスチナの交渉再開、パレスチナ問題の解決に向けて、継続的な関心を有し、粘り強く取り組むことが必要です。今後のガザ復興も含めた中東をめぐる国際社会の動きに、我が国がこれまで実施してきたパレスチナ支援の強化も含め、積極的、主体的、具体的に関与していくべきなのです（詳しくは第7章で説明）。

実際、２０２３年10月のハマスによるイスラエル攻撃発生後は、原油価格が、一時急上昇し、２０２４年４月のイランのイスラエル攻撃時も同様に上昇しました。その後（２０２４年７月現在）は落ち着きを取り戻していますが、中東から日本などへ原油を輸送する際に、主にホルムズ海峡を通過するルートをとるため、周辺国も含めた動向次第では、再び価格上昇の恐れがあります。

日本で使われる原油は、先述のとおり、サウジアラビア、ＵＡＥを筆頭にクウェート、カタールなど中東産油国からの輸入が大半を占めています。第１次オイルショックのあった１９７３年度は77・５％でした。

依存率が高まった背景には、日本では人口減少や省エネが進み需要が減少していることがあります。中東諸国とは一定量を年単位で契約し、不足分をそれ以外の国から短期で契約する仕組みとなっていることも、消費量が減る中で、依存率を高める要因となっているのです。

一旦高まった依存率を下げるのは容易ではありません。中東以外の輸入先としていた中国や「グローバルサウス」に含まれるインドネシアなどは、自国の経済発展に伴い、自国での消費を優先するようになり、米国も自国の消費量が大きく、輸送費の高さも障壁となります。

現在、オイルショック時の教訓から、石油備蓄は民間と国で計236日分あり、石油業界の関係者は、「石油供給が有事でたちまち損なわれることはない」と強調します。

しかし、原油価格も一時よりは下がったものの、産油国の減産もあって原油相場は高値圏で推移しており、今後の電気、ガス代への影響は予断を許さない状況です。

そのためにも、中東地域の安定が、日本の、日本人の生活にとっては不可欠なのです。

第4章

なぜイランとイスラエルは対立するのか

イラン革命が生んだアメリカ人のイランへの憎悪

２０２４年4月13日、イランがイスラエルを史上初めて直接攻撃しました。この背景を知るためには、まず、イランがどういう国なのか、現代のイラン成立の発端となったイラン革命の内容を知る必要があります。

イラン革命とは、１９７９年2月11日、パフレヴィー朝が倒れ、イラン・イスラム共和国が成立した革命を言います。

パフレヴィー朝はアメリカ資本と結んで石油資源の開発などを進め、その利益を独占する開発独裁の体制を続けていました。皇帝パフレヴィー2世の強行した「白色革命」以来、政治、文化、日常生活などあらゆる面で西欧化を進めていたのですが、国民生活は向上せず、対米従属の度合いを増していました。

それに対して、16世紀以来のイランの国教であったイスラム教シーア派の信仰に立ち返ることを求める民衆の反発が強まりました。

皇帝政治を批判して国外追放になったシーア派最高指導者のホメイニ師は、国外から反政府活動を指導し、盛んに活動したのです。1978年、ホメイニ師を誹謗する記事が新聞に掲載されると、それを政府の陰謀であるとして暴動が起こり、宗教指導者に指導された学生や労働者、農民、市民が王制打倒を叫び始め、収拾がつかなくなったパフレヴィー2世は1979年1月イランを離れ、皇帝政治が倒されました。

代わって亡命先のパリから戻ったホメイニ師が1979年2月11日、政権を掌握しました。ホメイニ師は、シーア派の十二イマーム派の教義に忠実な「ファギーフ（イスラム法学者）」による統治を掲げ、それまでのアメリカ文化の模倣を否定して厳格なイスラムの日常生活の規範を復活させました。裁判ではシャリーア（イスラム法）が適用され、映画や文学、絵画もイスラムの教えに沿ったもののみが許され、女性には外出時のヒジャーブ（頭髪と肌の露出を避ける衣服）の着用が義務付けられるなど、宗教色の強い、イスラム原理主義を理念とした政治が展開されることとなりました。

1979年11月には、革命政府がアメリカに対して亡命した国王の身柄引き渡しを要求したところ、アメリカが拒否したため、革命支持のイラン人学生が激高し、テヘランの米国大使館占拠事件が起き、1981年1月まで占拠が続いたのです。これが、今でも続いているアメリカ人のイラン憎しの原点となった事件です。

革命政権は1979年から国号をイラン・イスラム共和国と改め、イスラム教シーア派の宗教指導者の指導する国家として出発し、さらにメジャーズ（国際石油資本）が革命の混乱を避けて撤退したのを受けて、石油国有化に踏み切り、資源保護の立場から石油輸出を制限する措置を打ち出したのです。そのため石油の国際価格が急上昇し、第2次オイルショックをもたらすことになりました。

そしてこの革命後、イランは反米、その先にある反ユダヤ、反イスラエルに明確に転じ、その動きは政権の交代で程度差はあるものの、ますます過激化してきていました。

私は、2008年から2011年まで、ワシントンD.C.の日本国大使館で勤務し、アメリカ政府の要人と対イラン政策についてよく意見交換しましたが、アメリカ人のイランへの憎悪は生半可なものではありませんでした。

イラン革命は、今でもアメリカ人に大きな禍根として残っています。

それはイランで大統領が強硬派であろうが穏健派であろうが、変わることはありませんでした。2024年7月5日に行われたイラン大統領選挙で穏健派のペゼシュキアン氏が勝利しても、アメリカ人の憎悪は今後も長く変わることはないでしょう。

イランとシリアが支持するヒズボラの動き

次に、イランが中東地域でどのような影響力を行使して、宿敵イスラエルに対峙しようとしているのかにつき注目します。

まずはイランの代理勢力と言われるレバノンのヒズボラです。

2024年4月のイランによるイスラエル直接攻撃の発生までは、イランは自らは動かず代理勢力を通じてイスラエルと対峙していたからです。

ヒズボラは、1982年に結成されたレバノンのシーア派イスラム主義の政治組織、武装組織です。アラビア語で「神の党」という意味です。イランとシリアの政治支援を受け、その軍事部門はアラブ・イスラム世界の大半で抵抗運動の組織と見なされています。

レバノンを中心に活動している急進的シーア派イスラム主義組織で、イラン型のイスラム共和制をレバノンに建国し、非イスラム的影響をその地域から除くことを運動の中心としています。反欧米の立場を取り、イスラエルのせん滅を掲げているのです。

ヒズボラは、1985年の宣言で、組織の4つの目的として、「イスラエル抹殺の準備段階としてイスラエルをレバノンから最終的に撤退させる」こと、「レバノンからあらゆる帝国主義勢力を追放する」こと、キリスト教マロン派系の極右政党・民兵組織であるファランヘ党を「正義の支配」の下に置き、その犯罪行為を裁判にかけること、「完全な自由の下で、希望する統治体制」を選択する機会をレバノン国民に与えることを挙げました。

ヒズボラ指導部はまたイスラエル国家を「シオニスト政体」と呼び、その破壊を求める数々の声明を出してきました。

これを読めば、イランがいかにイスラエルに憎悪を抱いているか、そしてその先のアメリカを敵視しているかがわかると思います。

さらにこのヒズボラをイランとシリアが支援している構図です。

特にイランは組織設立時の関与や武器供給などヒズボラと密接に結びつき、一部の活動はイランの指示によるものとされています。一方、スンニ派ムスリムが多いサウジアラビア、ヨルダン、エジプトなどはヒズボラの行動を批判しています。

また、ヒズボラは、1980年代以降、レバノン国内外にある欧米やイスラエルの関連施設への攻撃を相次ぎ起こしました。

1983年には首都ベイルートで4月に米国大使館、10月に米海兵隊兵舎を自爆攻撃し、米仏軍を撤退に追い込みました。翌1984年には中央情報局（CIA）支局長を誘拐し、9月に米国大使館へ再度の自爆攻撃を行いました。

２０００年にイスラエルがレバノンから撤退した後も、ヒズボラは、イスラエルへの攻撃を繰り返してきました。２００６年7月にイスラエル軍部隊と交戦した際には、投降した兵２人を捕虜にしました。

この結果、イスラエルのレバノン再侵攻を招き、全面衝突となったのですが、同年8月14日に停戦が成立しました。２００８年には挙国一致政府（ＮＵＧ）が成立し、ヒズボラを含む野党勢力は、全閣僚ポスト30のうちの11に対する影響力を確保し、事実上の拒否権を手にしました。また２０１８年の総選挙では同じシーア派のアマルやキリスト教勢力との連携派閥がレバノン議会の過半数を確保し、政治的な影響力はさらに強まっていきました。

同じく、２０１８年には、イスラエルは、ヒズボラがレバノンからイスラエル領内に向けて地下トンネルを掘っており、その破壊作戦を実施すると発表しました。同年9月27日の国連総会において、ネタニヤフ・イスラエル首相は、イランの指揮下で、ヒズボラは低精度のミサイルを命中精度10メートル以内の高精度のミサイルに作り変える転換工場を、ベイルート国際空港の周辺3箇所に設けていると、衛星写真のパネルを提示して説明し、「ヒズボラに告ぐ。イスラエルはおまえたちが何を、どこでやっているのか、すべて知っている。イスラエルはおまえたちの好きなようにはさせない。」と非難する演説を行っています。

その後、2023年10月のハマスによるイスラエル攻撃後も、ヒズボラはイスラエルへの攻撃を繰り返し仕掛けています。実際、2024年6月27日、ヒズボラはイスラエル北部にある同国の主要なミサイル防衛基地を数十発のロケット弾で攻撃したことを明らかにしました。イスラエル軍によるレバノン南部にあるヒズボラ拠点攻撃への報復としていて、双方の応酬がさらに激化しています。

政治的には、少数の民兵組織から始まったヒズボラは、レバノン議会に議席を有し、ラジオ・衛星テレビ局を持ち、社会開発計画を実施する組織へと発展を遂げました。

ヒズボラはレバノンのイスラム教シーア派住民からの強固な支持を受け、数十万人規模のデモを組織する能力を有しています。

イエメンで勢力を広げるフーシ派

次に、イエメンにおけるイランの代理勢力と言われるイエメンの「フーシ派」です。

２０１１年初頭から中東・北アフリカで本格化した一連の民主化運動「アラブの春」により、イエメンでは、30年以上にわたり権力の座にあったサーレハ大統領が退陣しました。

米国が支持した権限委譲合意の下、ハーディ副大統領が暫定大統領選挙で当選し、新憲法制定や選挙への準備プロセスを進める予定でした。

しかし、イエメンのシーア派勢力・フーシ派は連邦制移行を拒否。２０１４年に政府が燃料補助金を引き下げると反政府デモが発生し、フーシ派はハーディ政権を首都から追放しました。

ハーディ政権の軍は国の東部を支配下に置いていましたが、２０１５年にサウジアラビアがハーディ政権支援のため、イランの代理勢力と言われるフーシ派との戦争に介入したのです。

内戦による暴力で一般のイエメン国民の暮らしは荒廃し、空爆や経済の崩壊、飢餓拡大に見舞われる中で耐え難いほどの苦しい生活を強いられました。

イエメン内戦はもっぱらサウジアラビア対イランの構図になりました。フーシ派は、イランやレバノンの親イランのシーア派民兵組織ヒズボラから軍事訓練や専門知識、ドローンや弾道・巡航ミサイルなどのより最先端の兵器を入手していると言われています。

米国バイデン政権は2021年、イランを懐柔する策として、トランプ政権時代に行われたフーシ派のテロ組織指定を解除しました。しかし、この政策は失敗し、イランは逆に中東地域で影響力を増していきました。

フーシ派はイスラエルを敵だと宣言しています。

2023年10月にイスラエルへのミサイルやドローン攻撃を企てた後、フーシ派のスポークスマンはこれについて「パレスチナで抑圧されている我々の同胞を支援」するためイスラエルを標的にしたと説明しました。「イスラエルが攻撃をやめるまで」

軍事作戦を続けると主張しています。

また、フーシ派は紅海を航行する船舶にミサイルを発射し、船に乗り込んで支配しようとしましたが、その多くは成功しませんでした。

ハマスによるイスラエル攻撃の後の、イスラエルのガザ侵攻を受け、2023年11月、フーシ派はイスラエルの実業家、ラミ・ウンガー氏の会社が所有する船舶を拿捕《だほ》し、2023年12月には、アデン湾にミサイルを発射しました。

フーシ派は射程距離が1350〜1950キロメートルに到達可能な液体燃料ミサイルを保有していると主張します。イスラエルを射程内に収めるには十分な距離なのです。

サウジアラビアを挟んで位置するイスラエルとイエメンの最短距離は約1580キロメートル。米軍は2023年10月19日にフーシ派がイスラエルに向けて発射した巡航ミサイルとドローンを米駆逐艦によって紅海で撃墜したと発表しました。

米英対フーシ派の戦争が勃発

このような状況下、2024年1月12日、米英両軍が、紅海で船舶への攻撃を繰り返すフーシ派の拠点を攻撃しました。

この攻撃を口実に、フーシ派のみならず、レバノン、シリア、イラクなどで反米勢力が報復に出て、中東全体を巻き込んだ戦争につながる可能性も排除されない状況になりました。そして、ついに、2024年4月には、その元締めのイランがイスラエルを直接攻撃する事態に至ったのです。フーシ派への攻撃は、2023年10月のイスラエルとハマスの衝突発生以来、中東地域において、「米英」側から仕掛けた初の本格攻撃であり、かつパレスチナ自治区ガザ以外の地域という意味で、イスラエル・ハマスをめぐる中東情勢が新たな段階に入ったと言えました。

フーシ派に対しては、船舶への攻撃停止を要請する国連安全保障理事会の決議が採択されたばかりでしたが、フーシ派はハマスへの連帯を示す立場を変えず、今後も攻撃を続けると見られます。

米国が攻撃に踏み切った背景には、2024年11月の米大統領選挙もありました。バイデン米大統領は、より強いアメリカを国内に示す必要に迫られています。

しかし、このような政治目的の戦争は、米英主導のイラク戦争が、米国外交だけでなく地域全体を泥沼化させたように、再び地域を泥沼化させる危険をはらんでいます。

イスラエルを滅ぼすことはイランの悲願

以上のような基礎知識をもとに、改めて、イランとイスラエルは、なぜ対立するのかを考えたいと思います。

最も重要なことは、イランとイスラエルは、事実上、相手を滅ぼすことを国家としての基本方針としている、ということです。

シーア派によるイスラム原理主義的国家であるイランは、かの地にユダヤ人国家が存在していることを認めていません。

イラン革命以来40年以上、イスラエルを滅ぼすことはイランの悲願でもあるのです。

一方、イスラエルというホロコーストを経験した民族国家の、自らを「滅ぼす」と明言する者に対する、敵意や恐怖心は、私たちの想像できる範囲をはるかに超えています。

ユダヤの歴史の中では、虐殺はすぐ隣にある事象だからです。中東の強国であるイランは、イスラエルにとって最大の脅威です。

そして、両国は、前述のパレスチナの「ハマス」、レバノンの「ヒズボラ」という武装勢力を介して代理戦争をすでに開始しています。後述しますが、ハマスもイランが裏で支援をしていると言われます。イランはこの2勢力を通じて、イスラエルの国力減退を図っているのです。

また、イランは、45年前まで続いた世俗的なパフレヴィー朝のときは、親米でイスラエル寄りの国でした。しかし、1979年の革命でイスラム教に基づく体制が樹立されると、パレスチナを占領するイスラエルを「敵」と位置付けました。

そして、パレスチナの「ハマス」や、レバノンの「ヒズボラ」などイスラエルと武装闘争を続ける中東各地の組織を支援することで、イスラエルを間接的に攻撃してきたのです。一方のイスラエルも、イランの要人を暗殺したり、中東各地にあるイランの軍事拠点を攻撃したりするなど、軍事的緊張が続いてきました。

ただ、イランもイスラエルも、これまでは互いの領土への直接的な攻撃はしないことによって、全面対決へとエスカレートする事態を避けてきました。しかし、今回(2024年4月)ついに、直接攻撃の応酬となってしまったのです。

核問題がさらに緊張を高める

イランの核問題も、イランとイスラエルの対立の大きな要因の一つです。

イスラエルにとって、イランが核保有国となることは、自国の安全保障上、絶対許してはならない最重要事項です。

また、国際的な不拡散体制における重大な課題でもあります。

強硬派のネタニヤフ首相は、特にこの問題にセンシティブで、イランの核問題をめぐる、アメリカ・イスラエル対イランの攻防から今後も目を離すことはできません。少し過去の経緯を整理して、理解を深めておきましょう。

２００２年、イランが長期間にわたり、国際原子力機関（ＩＡＥＡ）に申告することなく核兵器の開発につながり得るウラン濃縮などの活動を行っていたことが明らかとなったことに端を発しました。

２００３年以降、イランに対し、ウラン濃縮活動の停止などを求めるＩＡＥＡ理事会決議及び国連安保理決議が採択されてきたにもかかわらず、イランはウラン濃縮関連活動を継続してきました。

しかし、２０１３年６月、イランの大統領選挙において穏健派のロウハニ候補が選出され、このイラン核問題の協議の枠組みであるＥＵ３＋３（英仏独米中露）（国連安保理常任理事国５か国とドイツでＰ５＋１とも言う）の協議を進めた結果、２０１３年11月、核問題の包括的な解決に向けた「ジュネーブ共同作業計画」（ＪＰＯＡ：

Joint Plan of Action）の発表に至り、２０１４年１月から同計画の第一段階の措置の履行が開始されました。

２０１５年４月２日には、スイス・ローザンヌでイランの核問題に関する最終合意について行われた協議の結果、最終合意の主要な要素について合意に至り、同年７月14日、オーストリア・ウィーンにおいて「包括的共同作業計画」（ＪＣＰＯＡ：Joint Comprehensive Plan of Action）が発表されたのです。

これを受け、同年７月20日にはＪＣＰＯＡを承認する国連安保理決議第２２３１号が採択されました。

本合意においては、イラン側が濃縮ウランの貯蔵量及び遠心分離機の数の削減や、兵器級プルトニウム製造の禁止、ＩＡＥＡによる査察などを受け入れる代わりに、過去の国連安保理決議の規定が終了し、また、米国・ＥＵによる核関連の独自制裁の適用の停止または解除がなされることとされました。

その後、２０１６年１月16日、ＩＡＥＡがイランによるＪＣＰＯＡの履行開始に必要な措置の完了を確認する報告書を発表したことを受け、米国はイランに対する核関連制裁を停止し、ＥＵは一部制裁を終了したほか、国連安保理決議第２２３１号に基づき、イランの核問題にかかる過去の国連安保理決議の規定が終了したのです。

しかし、当時のトランプ米大統領は２０１８年５月、現在のイランとの合意では、完全に履行されたとしても短期間で核兵器を完成させる寸前までたどり着ける、また、弾道ミサイル開発への対応に失敗しているなどと指摘した上で、米国は合意から離脱すると表明しました。

トランプ政権は同年11月に、ＪＣＰＯＡの下で解除されていた制裁をすべて再開するとともに、米国はイランと新しくより包括的な合意（ディール）を行う用意があるとし、イランに対して交渉のテーブルに着くことなどを要求したのです。

一方、イランは、米国による制裁の再開に反発し、対抗措置として、２０１９年５月、ＪＣＰＯＡから離脱するつもりはないとしつつ、ＪＣＰＯＡの一部義務の停止を発表しました。これを受け、米国はイランに対し鉄鋼やアルミニウムなどの分野で新たな制裁を科し、両国の間では緊張が高まっていきました。

このような中、ＥＵや英仏独はイランにＪＣＰＯＡのさらなる離反を回避し、ＪＣＰＯＡを維持するよう求めています。

２０２１年１月にバイデン政権が誕生した後、バイデン政権は、トランプ政権時に離脱した核合意に復帰しようと、ＥＵ３＋３メンバーと協議を継続してきました（イランとは間接交渉）が、２０２４年７月現在、交渉は成立していません。

２０２４年７月のイランの大統領選挙で穏健派のペゼシュキアン氏が勝利しましたが、２０２４年11月の大統領選挙で核合意からの離脱を決定したトランプ前大統領が勝利すれば、イランの核問題の解決は再び遠のくことになるでしょう。

イスラエル本土への初の直接攻撃をしたイラン

以上の点を基礎知識として入れた上で、２０２４年４月のイランのイスラエル攻撃への理解を進めていきましょう。

4月1日、ダマスカスのイラン大使館領事部関連施設がイスラエル軍によると見られる空爆を受け、革命防衛隊幹部を含む13人が死亡して以降、イスラエルとイランの関係はさらに緊張状態にありました。これまでもダマスカス市内・近郊の爆撃は頻発していましたが、イラン在外公館関連施設が攻撃対象になったのは初めてでした。

同日、イランのライシ大統領は、イスラエルに対する報復を宣言したのです。そして4月13日、イランは本土からイスラエルに向けた攻撃を開始しました。ドローン、弾道ミサイル、巡航ミサイルなど計331発が発射されました。イスラエル軍は、米軍、ヨルダン軍などの支援もあり、99％を迎撃したと発表しましたが、数発が南部の空軍基地に着弾し、ベドウィンの少女1人が負傷したほか、軽微な被害が出たと報道されました。

イラン側は、攻撃対象は、ダマスカス空爆に使用された戦闘機の基地であるとし、攻撃は成功したと宣伝しました。13日、イスラエルの戦争閣議はイランに対する反撃を決定し、4月18日、イランは、中部イスファハンに対する3機のドローン攻撃があり、防空システムを発動したと発表しました。米国のメディアは、イスラエルが攻撃したと報道しましたが、イランは、イスラエルの攻撃とは認めず、被害はほとんどないと主張しました。

先述のとおり、長年、代理勢力を通じたいわゆる「影の戦争」を継続してきましたが、4月初旬から中旬にかけての衝突は、両国が公の攻撃を行う「表の戦争」になったとの表現も見られます。

4月1日のダマスカスのイラン大使館領事部爆撃が、従来の「影の戦争」のルールを書き換える攻撃になりました。

同攻撃により、イランは、公にイスラエルに報復することが求められる状況になったのです。イランは、13日にイスラエルを攻撃した際、攻撃することを前もって宣言・宣伝し、攻撃開始後は、イスラエルにミサイルなどが到着する前に、攻撃実施を公表しました。また攻撃後は作戦成功を演出するなど、イラン国内を意識した行動をしていました。

一方、今回の攻撃で、イランは、計300発を超える弾道ミサイル、巡航ミサイル、ドローンを一度に発射し、イラン本土から1000キロメートル以上の距離にあるイスラエル国内に到達させる能力と意思があることを実証しました。また攻撃は、無差別ではなく、南部の空軍基地を標的にしたと言われており、イランは、精度の高い長距離攻撃を行う能力があることも証明したのです。

これに対して、イスラエル側も、米軍・ヨルダン軍などの協力はありましたが、高いミサイル迎撃能力があることを証明しました。これは、イスラエルが構築したアローミサイル2、3など低~高度での重層的な迎撃システム体制が実戦で機能したことを意味します。またヨルダンがイスラエルに向かう一部飛翔体を撃墜したり、サウジアラビアやUAEが飛翔体に関する情報をイスラエルに提供したりしたと報道されたことは、イランの軍事的脅威に対するイスラエルと一部のアラブ諸国の協力体制が、実戦の中で部分的に機能したことも意味しています。

大統領選を控えたアメリカは巻き込まれたくない

4月13日のイランのイスラエル攻撃後、バイデン米大統領はネタニヤフ首相に対して、自制を求め「イスラエルが報復攻撃すれば、米国は協力しない」方針を伝えました。

また、米政権の高官は、「バイデン大統領はイランとの戦争を望んでいないことをはっきりと表明してきており、アメリカはこの地域の緊張をさらに高めることも望んでいない」と強調しました。

一方、トランプ前大統領は、東部ペンシルベニア州で演説し、イランがイスラエルに対する報復攻撃を行ったことについて「アメリカが大きな弱さを見せたからだ」と述べ、バイデン政権の姿勢がイランによる攻撃を招いたと批判。バイデン政権は、今後11月の大統領選挙に向けて、トランプ前大統領の発言も睨みながらの厳しい選択を迫られることになるでしょう。

4月15日、米国務省のミラー報道官は記者会見で、イランの攻撃で「紛争がエスカレートするリスクが劇的に高まった」と指摘。「緊張が和らぐよう努力を続ける。可能な限り平穏を維持させようとするプロセスが続いている」と話し、イスラエルに紛争を拡大させないよう働きかけていると強調しました。

バイデン政権はガザ戦争、そして今回のイラン・イスラエルの対立が地域紛争へと拡大し、アメリカがイランとの戦争に巻き込まれることは望んでいません。

仮に戦争が拡大となれば、11月の大統領選挙に照らしても最悪の事態となるからです。

実際、CBSニュースが昨年（2023年）秋に行った世論調査で、「トランプ政権になった方が米国は戦争に巻き込まれず、平和になる」と回答した割合が、「バイデン政権の下での方が平和になる」と回答した割合を圧倒しました。

ウクライナ戦争も、ガザ戦争も、そしてこのイラン・イスラエル対立でも、終結に向けたイニシアティブが取れなければ、トランプ前大統領からの「戦争を呼び込み、拡大させる大統領」との強烈なレッテル貼りに直面することになるでしょう。

イスラエルについては、2024年4月13日、イランによる攻撃を受けて、ネタニヤフ首相は戦時内閣の閣議を開いて対応を協議しました。イスラエルの戦時内閣に入っているガンツ前国防相（注：同氏は、6月9日に戦時内閣を離脱。戦時内閣自体も6月18日に解散）は「適切な時期に、正しい方法で、イランに代償を支払わせる」と述べた。ガラント国防相も声明を発表し、「イランの脅威に対抗するため、戦略的同盟を立ち上げるときだ」として、各国と協力してイラン包囲網を構築するべきだと主張しました。そのような中、イスラエルは、4月18日に、イラン国内イスファハンの軍事施設に攻撃を行ったと報道されました。

しかし、これでイスラエルの報復が完全に終了したと見るのは時期尚早です。攻撃対象とその方法は、他国にあるイラン革命防衛隊基地のようなソフトな目標から、4月18日のようなイラン国内の軍事施設、電力やパイプラインなどのインフラ施設、重要人物の暗殺まで、幅広いオプションがあり得るのです。

最も強硬なのは、イランの核施設に対する攻撃。イランには、ブシェール原子力発電所のほか、秘密裏に建設したナタンズのウラン濃縮施設、アラクの重水製造施設などがあります。核施設を無傷のままで許してしまえば、イランによる核兵器保有という悪夢に近づき、イスラエルはいよいよイランに手を出せない状態に追い込まれます。

ただ、核施設を攻撃すれば、今回の事案で「(核を保有する)イスラエルを直接は攻撃しない」との定説を覆してイスラエルを限定的に攻撃したイランは、革命防衛隊を中心に燃え盛る強硬論にあらがえずに本格的にイスラエルに再反撃する可能性も排除されません。仮にそうなれば、第5次中東戦争に発展する可能性が高まることになるでしょう。

しかし、ガザ戦争の目標であったハマスを完全にせん滅しきっていない段階で、イランやヒズボラ、フーシ派との全面戦争は、イスラエルは本音では避けたいと思っている節もあります。中東において引き続き今後のイスラエルの行動に注目が集まる所以です。

アラブ諸国は何とか紛争を回避したい

一方、イランは、4月13日の対イスラエル攻撃については、4月1日にシリアにあるイラン大使館領事部がイスラエルの攻撃を受け、革命防衛隊の司令官らが殺害されたことへの報復だとし、イランのライシ大統領は声明で「敵のイスラエルに教訓を与えた」として成果を強調しました。

同時に革命防衛隊のサラミ総司令官は「作戦は限定的でイスラエルが我々の大使館領事部への攻撃で使った能力と同じレベルに抑えた」と強調し、これ以上の事態の悪化は意図していないという姿勢をにじませました。

4月19日、イランのアブドラヒアン外相は、米NBCのインタビューで「(イスラエルによるものと思われるイスファハンへの)攻撃は空爆ではない。ドローンではなく子どものおもちゃのようなものだった」と述べ、その上で「イスラエルが我が国の利益に反する新たな冒険主義をとらない限り、我々は新たに反応することはない」と強調。同時にイスラエルがイランに対して決定的な行動をとった場合、迅速かつ最大限の対応をとり、イスラエルは後悔することになるだろうと警告しました。

また、4月20日、イランの革命防衛隊は、イスラエルに対する攻撃に関して国民への謝意と祝意を示す声明を発表。イスラエルによる報復とされる攻撃には触れず、さらなる反撃なしに全作戦を終える意思を暗に伝えたとも受け取れました。

さらに、4月21日、最高指導者のハメネイ師は、革命防衛隊や国軍などの司令官の訪問を受け、イスラエルへの攻撃について、明示を避けつつ「最近の業績は、イランの栄光と偉大さを世界に示した」と軍の働きを称賛し、謝意を伝えました。ハメネイ師が一連の攻撃の応酬後、発言したのは初めてでした。


一連の報復合戦の中、アラブ諸国は今のところ、このイラン・イスラエルの直接対峙に関与していません。

カギを握るのは、アラブの大国サウジアラビアの出方、及びイランとイスラエルに挟まれたヨルダンでしょう。サウジアラビアは、２０２３年3月にイランと国交回復し、地域の安定という戦略的利益を共有しています。

また、2023年10月のハマスによるイスラエル攻撃の直前まで、イスラエルとの国交正常化にまい進していました。現在、サウジアラビアは、自国の経済発展、ビジョン2030の実現が最優先課題であり、地域の不安定化はぜひとも回避したい思惑があり、今後も両国間の外交・仲介努力は惜しまないでしょう。

日本はどのような対応をとったのでしょうか。まず、2024年4月16日、上川陽子外務大臣は、イランのアブドラヒアン外相及びイスラエルのカッツ外相とそれぞれ電話会談を行い、両者に、情勢のエスカレーションの懸念を伝え、自制を強く求めました。

しかし、2024年6月末現在、岸田文雄総理自身によるイスラエル首脳、イラン首脳への働きかけは行われていません。また、日本の国益が直結する湾岸諸国への働きかけも行われていないのです。中東への危機感の欠如と言わざるを得ないでしょう。

こうした中、4月19日、イタリア南部カプリ島で開かれていた主要7か国（G7）

の外相会合は、共同声明を採択しました。イランで起きたイスラエルによると見られる攻撃については事態の悪化防止を呼びかけましたが、直接の言及は避けた一方、G7は声明で、イランによる攻撃を「最も強い言葉で非難する」と強調。「地域の不安定化と事態のエスカレートにつながる受け入れられない一歩だ」と指摘した上で、イランの今後の行動に応じて「制裁を科す用意がある」と表明しました。

日本がイランについてG7に足並みを揃え、「制裁」カードを切る用意があると表明した形になったことは、イランとの関係におけるレバレッジや他の中東諸国との関係、ひいては中東情勢への西側の対応をロシアによるウクライナ侵攻との比較で冷ややかに見ている「グローバルサウス」の国々との関係において、疑問なしとしません。日本が欧米に追随して、ダブルスタンダード（二重基準）の対応をしているとの疑念を生ぜしめることにならないか懸念されます。

日本はイランとの「伝統的な友好関係」を生かした独自外交を描ききれずにいます。イスラエル寄りの米国と共同歩調を取り、G7メンバー国としてイランだけを非難する立場を取る日本についても、「ダブルスタンダードと見られかねない」との懸念が出ています。

暗黙のルールが塗り替わった

イランとイスラエルが直接対決はしない、という暗黙のルールが塗り替わったことの意味は決して小さいものではなく、相手の「レッドライン（越えてはならない一線）」を読み取るのは、今後ますます難しくなり、偶発的なエスカレーションのリスクは高まったと言えるでしょう。

ネタニヤフ首相は、２０２３年10月のハマスの急襲を許す失態を演じて以降、国内からの厳しい批判と支持率の低下もあり、強い指導者像を見せることが、自身の長きにわたる政治生命を維持する唯一の手段になっています。

ネタニヤフ首相が頼みとする極右勢力には、この機にイランの核能力を破壊すべきだという極端な強硬論もくすぶっている一方、ガンツ前国防相やガラント国防相は、ガザ攻撃の手法について慎重なアプローチもしており、イスラエル国内の政治関係の帰趨《きすう》が注目されます。

また、仮に中東現地で懸念されているように、イスラエルがタイミングを見て、本格的にイランに報復を行う場合、米国バイデン政権は厳しい対応を求められることになります。バイデン大統領は紛争に巻き込まれたくないのが本音ですが、一方で、同盟国イスラエルを見殺しにするのかという圧力への対応も必要となるからです。

２０２３年10月のハマスによるイスラエル攻撃後明らかになったのは、イスラエルのネタニヤフ首相とバイデン大統領の間には深刻な確執があるということです。実際、今回、アメリカはイスラエルにイランへの反撃を自制するよう求めていましたが、結果的には、相当程度抑制的なものになったとはいえ、イラン本土への空爆自体は行われました。

米国がイスラエルを完全に抑えることはできず、今後の中東の安定化にとっても危険な兆候です。

一方のイランも経済の苦境などで国民の不満が高まっています。

イランのテレビでは4月18日の攻撃後、日常と変わらないイスファハンの様子を伝える映像が流れました。平静を装いイスラエルの攻撃を矮小化する試みには、米国との対決につながりかねない再報復を回避したい意図があると思われます。

しかし、イランも、4月13日にすでにイスラエルを直接攻撃するとの一線を越え、今後もイスラエルの行動には激しく対応する旨明言。これまではイランの指導者の発言は「言葉」だけで「行動」を伴わせない傾向がありましたが、イランも革命防衛隊幹部などの強硬派が、イスラエルへの報復の手ぬるさに不満を持っており、今後は言葉どおりの行動をすることを考慮に入れたシナリオも想定しなければならないとすれば、誤解に基づくエスカレーションの火種にもなりかねません。

このように、イラン、イスラエル双方の内政事情を踏まえると、今後、誤算や暴走をもとに、両国の対立がエスカレートする可能性は否めません。

加えて、イランが支援するレバノンのヒズボラ、イエメンのフーシ派といった代理勢力が暴走するリスクも見過ごせません。当事者が望まない形で報復の応酬が連鎖し、そこに周辺国や域外の大国（アメリカ、ロシアなど）が巻き込まれるシナリオも現実味を帯びます。今後中東情勢は引き続き緊迫していくと思われます。

この点、なお残るエスカレーションのリスクについて、たとえば、2024年4月19日の金融・商品市場は、イスラエルによるイラン攻撃の報道で大きく変動しました。攻撃の報道が伝わると、中東からの原油供給に悪影響が出るとの見方から原油価格が大幅に上昇したのです。WTI（ウエスト・テキサス・インターミディエート）原油先物価格は、一時1バレル86ドル台まで上昇しました。その影響もあり、日経平均株価は一時1300円超の大幅下落となったのです。

しかしその後は、イスラエルの攻撃が限定的との見方が広がり、また、イランによる報復はなされないとの見方から、WTIの価格は下落に転じました。ただ、今後も、双方の不信感はいつ高まるか見通せません。私たち日本人が、絶えずこの中東地域にアンテナを張る必要がある所以です。

イラン大統領選挙の結果と今後の見通し

そのような中、２０２４年5月19日、イランのライシ大統領とアブドラヒアン外相が搭乗していたヘリコプターが、アゼルバイジャンとの国境近くの山岳地帯に墜落し、両氏とも死亡しました。

その後6月28日、死亡したライシ大統領の後任を決める選挙が行われました。翌29日、イラン内務省は、立候補者の中で、穏健派の元保健相マスード・ペゼシュキアン氏（69歳）が得票率トップの42・４５％、保守強硬派の元核交渉責任者サイード・ジャリリ氏（58歳）が2位で38・６１％で、いずれも過半数に届かなかったため、7月5日に大統領選挙の決選投票が行われると発表しました。内務省によると、投票率は40％で過去最低となりました。決選投票は２００５年以来19年ぶりです。

そして、7月5日の決選投票では、穏健派のペゼシュキアン氏が勝利。今後、対米融和路線となり、イランの核合意交渉の再開、イラン制裁の解除が期待される一方で、11月のアメリカ大統領選挙で、イラン核合意離脱を決めた張本人であるトランプ氏が勝利すれば、その機運は瞬く間に萎んでいくでしょう。

また、イランの最高権力者は大統領ではなくハメネイ最高指導者であることも忘れてはなりません。過度な期待は禁物です。

第5章 なぜハマスはイスラエルと対立するのか

世界中に広がるデモの二極化

2023年10月のハマスによるイスラエル攻撃で、改めてパレスチナ問題は中東問題の根幹であることが世界で再認識されました。第5次中東戦争を防ぐためにも、パレスチナ問題に目をつぶっていてはだめなのです。

ここでは、パレスチナ問題への理解を深めるために、その発生と歴史を、基礎知識として簡単に振り返っておきましょう。ハマスがなぜイスラエルを攻撃したのかは、過去の歴史の基本を知らずには理解できないからです。現在、世界で、イスラエル支持のデモ、パレスチナ支持のデモの二極化が起きていますが、日本人がとるべきは、この問題の根深さを理解して安易な支持行動に走らないことだと思います。

ユダヤ人国家のイスラエルと、周辺のアラブ国家間の戦いである「中東戦争」は、1948年から1949年の「第1次」、1956年から1957年の「第2次」、1967年6月の「第3次」、1973年10月の「第4次」と合計4回勃発しました。

いずれも東西冷戦の最中で、西側陣営であるアメリカ・イギリス・フランスなどがイスラエルを、東側陣営のソ連がアラブ諸国を支援していたことから、東西代理戦争の一つとも言われました。

さらに、イスラエルのユダヤ教、アラブ諸国のイスラム教双方の聖地であるエルサレムの帰属問題も絡んだ、宗教戦争の側面も合わせ持っているのです。

第1次中東戦争は「独立戦争」であり、「大災害」

第1次中東戦争は、1948年から1949年にかけて勃発しました。別名「パレスチナ戦争」とも言い、イスラエル側は「独立戦争」、アラブ側は「(アラビア語で)ナクバ（大災害)」と呼んでいます。

1914年から1918年にかけて起こった第1次世界大戦中、イギリスはトルコへの攻撃を狙ってアラブ人に武装蜂起を呼びかけ、その対価として「フサイン=マクマホン協定」を結んでパレスチナの独立を約束しました。またイギリスは莫大な戦費を必要としていたため、ユダヤ人の豪商たちに資金援助を求めていました。その見返りとして、ユダヤ人による国家の建設を承認する「バルフォア宣言」を出しました。

さらにフランスとロシアとともに中東地域の分割を協議し、「サイクス・ピコ協定」を締結していたのです。イギリスによるこの「三枚舌外交」が、中東地域の対立の大きな原因となったことを改めて確認しておきましょう。

そして、1947年、アラブ人とユダヤ人がパレスチナを分割統治するという内容の「パレスチナ分割決議」が国連で採択されました。ここでは、パレスチナをアラブ人地域とユダヤ人地域に分割し、エルサレム周辺は国連統治地域にすることが決められました。しかしユダヤ人に3分の1以上の土地が与えられることになったため、アラブ人が反発し、決議翌日からパレスチナは内戦状態となってしまいました。アラブ側は義勇兵を、ユダヤ側は民兵を相次いで動員し、一触即発状態となったのです。治安維持能力を失っていたイギリス軍は、この内戦を鎮圧することができず、1948年5月までに同地域を撤退することを決定します。

撤退当日にユダヤ国民評議会は独立を宣言。これに対して、レバノン、シリア、トランスヨルダン（現在のヨルダン）、イラク、エジプトのアラブ連盟5か国が宣戦布告し、第1次中東戦争が勃発したのです。当初は、兵力差があったことからアラブ側の優勢で進みましたが、国連が停戦を呼びかけている間にイスラエル側は乱立していた武装組織を一本化し、国防軍を編成。休戦が明けると一気に反撃に出て、指揮系統が統一されていないアラブ側を撃破していきました。

1949年7月に休戦協定が結ばれ、戦いは終了。イスラエルはパレスチナ地域の大部分を手に入れ、独立を確固たるものとしたのです。

第2次中東戦争はエジプトを巻き込むスエズ動乱

第2次中東戦争は、1956年から1957年まで、主にシナイ半島を舞台に、エジプトと、イスラエル・イギリス・フランスがスエズ運河をめぐって戦ったもので、「スエズ戦争」「スエズ動乱」「スエズ危機」「シナイ作戦」とも呼ばれます。

きっかけは、1956年にエジプトのナセル大統領が、スエズ運河の国有化を宣言したこと。イギリスは運河の国際管理を回復させようと交渉を続けていましたが、難航したため、イスラエルとフランスに呼びかけて軍事行動を模索しました。1956年10月29日に、イスラエル国防軍がシナイ半島への侵攻を開始し、10月30日、イギリス政府によって両軍に対し撤退するよう勧告が出されました。

エジプトがこの勧告を拒否したため、10月31日にイギリス・フランスの両軍が参戦。11月6日にシナイ半島への上陸作戦を始めたのです。しかし、アメリカのアイゼンハワー大統領が、ソ連のブルガーニン首相とともに、イギリス・フランス・イスラエル軍の即時全面撤退と停戦を通告してきたのに加え、国連でも、アメリカとソ連によって即時停戦を求める決議が採択されました。イギリス・フランス・イスラエルの3か国は決議を受け入れざるを得ず、停戦が実現。エジプトはスエズ運河を国有化することに成功したのです。

この結果から第2次中東戦争は、軍事的にはイスラエル側、政治的にはエジプト側の勝利とされ、さらに国際社会におけるアメリカの発言権の大きさを印象付けることとなりました。その後、イスラエルとエジプトは1979年に国交を樹立しますが、現在（2024年7月）、両国の関係はパレスチナ問題、特にガザ地区をめぐっても緊張関係にあります。2024年5月27日には、ガザ地区南部ラファ近郊のエジプトとの境界付近でエジプト軍とイスラエル軍が関わった事案が発生し、エジプト兵1人が死亡しました。

6日で終わった第3次中東戦争とPLOの結成

1967年6月に発生した、イスラエルとエジプト・シリア・ヨルダンを中心としたアラブ諸国の間で起こった戦争を第3次中東戦争と言います。

6日間で終了したことから、イスラエル側は「六日戦争」、アラブ側は「大敗北」（アラビア語でナクサ）と呼んでいます。この戦争は、現在まで続くパレスチナ領土問題と密接に関係するため、重要な意味を持ちます。

第2次中東戦争以降、イスラエルとアラブ諸国家の関係は比較的安定していましたが、1964年に「パレスチナ解放機構（PLO）」が結成されると、ゲリラ的な戦いが増加しました。

1966年に、シリアでクーデターが発生して親PLO政権が樹立すると、ゴラン高原からイスラエル領内に砲撃を開始。イスラエルもこれに報復をするなど、小競り合いが生じました。この状況に目を付けたのが、中東において自身に有利な体制を構築しようとしていたソ連でした。

イスラエルもシリアも、武力衝突を本格的な戦争に発展させるつもりはありませんでしたが、ソ連は国家保安委員会「KGB」を使って、イスラエルがシリアへの侵攻準備をしているという嘘の情報を流し、またエジプトに対しては、両国の開戦が間近であると伝えたのです。KGBから情報を受けたシリアとエジプト、そしてエジプトと共同防衛条約を結ぶヨルダンの3か国は、国境沿いに軍を集結。イスラエルも、情報機関を使って彼らの動きを掴み、アメリカに仲裁を依頼しましたが、アメリカは1

955年から続いていた「ベトナム戦争」で手一杯だったこともあり、動けない状況で、イスラエルは孤立することになってしまいました。

イスラエルは周囲をすべて敵に囲まれている状態のため、侵攻される前に先制攻撃を加えることを決意。1967年6月5日、エジプト、シリア、ヨルダン、イラクの領空を侵犯し、各国の基地に奇襲攻撃しました。これが第3次中東戦争の始まりです。制空権を手にしたイスラエルは、その後すぐに地上軍を侵攻。ヨルダン領ヨルダン川西岸地区、エジプト領ガザ地区及びシナイ半島、シリア領ゴラン高原を占領することに成功。

6月10日には各国との間で停戦が実現し、わずか6日間でイスラエルの占領地域は戦前の4倍以上に拡大しました。

この戦争は、パレスチナ問題の将来にとって大きな禍根を残すものとなりました。

その結果、安保理決議242が採択、後にパレスチナ問題にとって極めて重要な決議となります。後述するハマスは、現在も、イスラエルという国家を認めていません。

ましてや、この第3次中東戦争でイスラエルに奪われたヨルダン川西岸、ガザ地区は当然パレスチナの領土だと考えています。

米ソの援助で起きた第4次中東戦争

第4次中東戦争とは、1973年10月に発生した、イスラエルと、エジプトやシリアをはじめとするアラブ諸国間の戦いを言います。エジプトが第3次中東戦争で失った領地をめぐり、争われました。イスラエルでは、ユダヤ暦で最も神聖な日とされる「ヨム・キプール」に始まったことから「ヨム・キプール戦争」、アラブ諸国では10月に始まったことから「十月戦争」または「ラマダン（断食）戦争」とも呼ばれています。

1970年、エジプトの大統領を務めていたナセルが急死し、副大統領だったサダトが新たに大統領に就任しました。サダトは、それまでの親ソ連だった外交方針を親米に転換。アメリカ仲介の下でイスラエルと交渉をしようとするのですが、当時国務長官を務めていたキッシンジャーから断られてしまいます。

　これを受けサダト大統領は、戦争の準備を開始。この動きは、情報機関を通じてイスラエル側も把握していましたが、第3次中東戦争で勝利したイスラエルでは「不敗神話」が蔓延。その油断が、アラブ側の奇襲攻撃を許すことになってしまうのです。

　1973年10月6日、エジプトは、第3次中東戦争でイスラエルに占領された領土の奪還を目指してシナイ半島で、シリアはゴラン高原でそれぞれイスラエル国防軍に対して攻撃を開始しました。その後イスラエル側にはアメリカが、アラブ側にはソ連が援助をして参戦。10月11日、イスラエルが部隊を再編成して反撃に出ると、戦況は徐々にイスラエル優位に。エジプトが再び敗北することを危惧したアメリカとソ連が主導し、10月22日に国連安全保障理事会によって停戦を求める決議が提出されました。

「アラブ石油輸出国機構（OAPEC）」が親イスラエル国に対して石油の輸出を禁止する措置をとったため、「石油輸出国機構（OPEC）」が石油価格を引き上げ、第1次オイルショックを引き起こして日本を含め世界各国に大きな影響を与えました。

また、安保理決議338が採択され、パレスチナ問題にとって大変重要な決議となりました。

ガザを実効支配するハマスの誕生

その後、アラファト議長率いるPLOは、反イスラエル闘争を中東各地で継続していましたが、1987年には、ガザ地区でイスラエル軍への抵抗運動（インティファーダ）が発生しました。

ここで頭角を現したのがハマスでした。

ハマスは、パレスチナ自治区ガザ地区を実効支配するイスラム組織。イスラエル建国を不正とみなし、武装闘争によるイスラム国家の樹立を目指しています。

正式名称は「イスラム抵抗運動」で、ハマスはアラビア語で「情熱」や「熱狂」という意味です。1987年、イスラエルの占領政策に対してパレスチナ人が起こした民衆蜂起（第1次インティファーダ）を機に創設されました。イスラエルへの武装闘争を繰り返す一方で、貧困層への支援、学校や医療施設などのインフラ整備にも注力してきました。

オスロ合意に反対したハマスが選挙で勝利

1993年9月、ノルウェーにおける秘密交渉の結果、イスラエルとPLOとの間で、イスラエルとパレスチナ人は相互に承認すること、ガザ地区とヨルダン川西岸のエリコで先行して自治を開始、段階的に自治を拡大すること、ガザ・ヨルダン川西岸の最終的地位について先行自治から2年以内に交渉を開始し、5年以内に合意することを柱とした「オスロ合意」が実現しました。

この合意に基づき、1994年5月、先行自治に関する「ガザ・エリコ合意」（カイロ合意）によって、ガザ、エリコの暫定自治が始まりました。

翌年9月には自治を拡大するための「自治拡大協定」が調印され、1996年1月にはパレスチナ自治選挙が実施されて国会に相当するパレスチナ立法評議会（PL

C）が発足したのです。しかし、イスラエルを承認するオスロ合意に反対のハマスはこの議会には参加しませんでした。

ハマスはその後も地道な活動を続け、2006年のパレスチナ自治評議会選挙では大勝したのです。2023年10月のハマスによるイスラエル攻撃で、欧米、そして日本もハマスの行為を「テロ」と表現していますが、皮肉にも、ハマスは民主的に選挙で選ばれた組織であることも忘れてはいけません。2007年には、イスラエルとの和平交渉を通じたパレスチナの解放を目指すパレスチナ自治政府（PA）の主流派組織「ファタハ」（アッバス大統領）との連立政権が発足しましたが、内部抗争が激化。ハマスがガザ地区を武力で制圧し、連立政権は崩壊しました。以来、ヨルダン川西岸地区は自治政府が統治、ガザ地区はハマスが実効支配しているのです。

2007年以降、ガザ地区はイスラエルによる完全封鎖で人やモノの出入りが制限されてきました。壁やフェンス、地中海で四方がふさがれ、「天井のない監獄」とさえ形容される状況下で失業率も高く、若者は将来への展望を描けない状態です。

建前より本音が出たアラブの裏切り

２０２３年10月のハマスによるイスラエルへの攻撃の背景には、パレスチナ内部における分裂（ハマスはガザ地区統治、自治政府はヨルダン川西岸）、２０１４年以降のイスラエルとの交渉の中断、ネタニヤフ首相の強硬姿勢に加え、近年、国際社会なかんずく同胞のアラブ諸国からもパレスチナ問題を放置されていた（２０２０年8月のイスラエル・UAEのアブラハム合意もパレスチナ問題の進展なしに実現）ことが挙げられます。

また、２０２３年に入り、イスラエルと、アラブ・イスラムの盟主であるサウジアラビアとの国交樹立に向けた動きが、加速化していたことも一因です。実際、ハマスの幹部は、攻撃後、両国の関係正常化をけん制する声明を発出しました。

イスラエルのネタニヤフ首相は、２０２３年9月の国連総会での演説で「我々はイスラエルとサウジアラビアの歴史的な和平への入り口にいる」と語り、サウジアラビアのムハンマド皇太子（首相）も米メディアでのインタビューで、イスラエルとの関係正常化について問われ、「日々近づいている」と述べました。また、バイデン政権の国家安全保障会議（NSC）のカービー戦略広報調整官も2023年9月末、「（イスラエルとサウジアラビアの国交正常化の）基本的な枠組みは合意していると思う」と自信を見せていたのです。

しかし、ハマスも含むパレスチナ側には、それがパレスチナ問題の解決なしに実現することへの懸念が広がっていました。それらの懸念に応えようと、サウジアラビアは、2023年9月下旬、駐パレスチナ大使をヘッドとした交渉団をヨルダン川西岸のPAに派遣したのですが、イスラエルをせん滅し、エルサレムを首都とするパレスチナ国家樹立を目指すガザのイスラム過激派組織ハマスにとっては、完全なまやかしに映りました。

また、ハマスも、ガザのパレスチナ住民から経済状況の悪化への不満を受けており、何らかの成果を必要としていました。

ハマスのエルサレムを首都とするパレスチナ国家樹立目標は、30年以上前のイスラエルとPLOの和解（オスロ合意）の際には、まだ幻想ではなかったかもしれませんが、2014年以降、双方の交渉も途絶えた中、もはや解決には一筋の光も見えない状況だったのです。サウジアラビアは、表向きには、パレスチナ問題の解決をイスラエルとの国交樹立の前提としていました（2002年、アラブ諸国は、パレスチナ問題の解決なしにイスラエルと国交を正常化しないとのアラブ・イニシアティブを発表）が、2022年12月に発足したイスラエル史上最も右寄りとされ、対パレスチナ強硬策を続けるネタニヤフ政権との間で、パレスチナ問題を、パレスチナ人が望む形で実現することは不可能でした。

それにもかかわらず、サウジアラビアがイスラエルとの合意に前のめりになったのはなぜか。今やサウジアラビアの実権を握るムハンマド皇太子にとっては、1993年のオスロ合意は歴史上の出来事に過ぎず、パレスチナ人には生活に苦しまない程度の支援を提供しておけばよいと考えていた節もあります。

２０２３年10月のハマスによる攻撃で、アラブ民衆の反イスラエル感情の高まり（サウジアラビア国民の間でもＳＮＳ上で、イスラエル非難はかつてない高まりを見せていた）に、最も驚いたのは、ムハンマド皇太子本人だったとしても不思議ではないでしょう。

ただし、現下のサウジアラビアは、脱石油依存社会を目指すビジョン２０３０の実現が最大のプライオリティであり、イスラエルとの国交正常化によるハイテク産業の国内経済への流入を目指す大きな動きは、今後も変わらないと思われます。

バイデンは焦っている

一方、米国のバイデン政権は、２０２４年の大統領選挙を迎えるにあたり、２０２１年１月の同政権発足以来、中東では何の成果もあげておらず（選挙公約のイランの核合意への復帰も現時点で実現せず）、逆に２０２３年３月には、中国に、サウジアラビアとイランの外交関係正常化の仲介を許すなど、中東における影響力確保に向け、レガシーづくりに躍起になっていました（トランプ前大統領は、2020年8月、イスラエルとUAEの国交正常化を実現した）。

イスラエルとサウジアラビアの国交樹立という歴史的な成果を焦る背景がそこにありましたが、一方、もはや、解決が困難なことが自明なパレスチナ問題には関心を全く見せていなかったのです（2022年7月のバイデン大統領のパレスチナ訪問時も、交渉再開は時期尚早としてパレスチナ側を失望させた）。

いずれにせよ、今後は、イスラエル側は、人質が解放されるまでは停戦には応じず、ハマスも、人質解放のカードを小出しにしつつ、イスラエルとの消耗戦に持ち込みながら、戦闘能力を蓄え、さらなるイスラエルとの戦闘に備えることになるでしょう。

イスラエル・ネタニヤフ首相は、今回のハマスの攻撃を未然に防げなかった責任を問われています（イスラエル国内ではネタニヤフ首相の責任問題を問う声は強まっており、同首相も作戦終了後の進退に言及している）。

同首相にとっては長きにわたる政治生命を賭けた戦いであり、ハマスへの一切の妥協は許されない状況となっています。

このように、イスラエルにもハマスにも、妥協の余地はなく、一時的な戦術の変更はあっても、戦争の長期化は不可避な状況です。

また、ネタニヤフ首相は、2024年11月のアメリカ大統領選挙でトランプ氏が勝利すれば、前トランプ政権で得た強力なイスラエル支持が復活すると考えていても不思議ではありません。

同首相にとっては、ハマスとの戦争を焦って終結させる必要はないのです。実際、2024年7月現在、イスラエルとハマスの戦争終結、交渉妥結の糸口は見えていません。

第6章 なぜアメリカは中東戦争を解決できないのか

中東への影響力が低下するアメリカ

1989年の冷戦終了後、1990年から1991年の湾岸危機と湾岸戦争を経て、アメリカは世界の警察官として、世界一強時代を築き、中東地域でもその影響力は絶大でした。日本の国益をかけた中東の安定は、アメリカに任せておけば安心だったのです。

しかし、2003年のイラク戦争でアメリカ兵に多数の死傷者を出し、国内では厭戦ムードが蔓延、またエネルギー面でもそれまでは中東の原油に大きく依存していたアメリカは、シェール革命を起こし、自国にとっての中東の重要性が低下したことも相まって、中東関与の程度、中東への影響力はおそろしいほど低下し、現在はさらに弱体化しています。

これは私が現在ビジネスコンサルタントとして中東の現場で実感していることです。

そこで、もう少し、アメリカと中東の関係を振り返りたいと思います。

これがわからないと、なぜ日本はアメリカ任せにできないかが理解できないからです。

アメリカと中東の関係の歴史は長いのですが、アメリカの視点かつそれが現在の中東に与える影響にかんがみれば、それは1991年の湾岸戦争以降となります。

なぜなら湾岸戦争は冷戦の終結後に勃発し、中東のみならず世界におけるアメリカ一強時代の到来を告げ、それがその後の中東和平を促進させるきっかけとなり、マドリード中東和平会議、歴史的なイスラエル・パレスチナ間のオスロ合意と続くことになったからです。

そして、まさに30年余後の現在、中東においてはアメリカ一強の時代は終わるどころか、アメリカは中東から手を引こうとしています。それは、湾岸戦争後の9・11テロ事件、イラク戦争において、多数の米国人犠牲者を生んだことにも大きく起因しますが、その点にも注目しながら読み進めていただきたいと思います。

第2次世界大戦後の米国は、主要な域外勢力として中東に関与し、中東諸国の政治的動向や域内の国際関係にさまざまな影響を与えてきました。しかし同時に、米国が中東の域内政治の主要プレイヤーとして、自ら直接的に同地域に関与した歴史は比較的浅かったのです。米国と中東の関係を理解する出発点として、米国が主要な域外プレイヤーであったことと、その影響力が極めて限定されたものであったことを、把握しておくことが重要です。

第2次世界大戦直後の米国は、中東に自ら直接関与しようとせず、中東に非公式に帝国を維持していた英国に依存しました。これが大きく変化するのは、1950年の朝鮮戦争勃発後のこと。

ソ連が中東で軍事行動に出ることへの懸念が増すとともに、中東諸国におけるナショナリズムの高まりに英国が十分に対処できないことが明らかになるにつれ、米国は中東への関与を強めていったのです。

しかし、米国は中東における軍事的責任を担うことには一貫して慎重でした。米国の政策的優先順位では欧州と極東が上位にあり、米国は自らが中東に直接関与するために割《さ》き得る財政的・軍事的資源を持たないと判断していました。そこで米国が目指したのは、中東諸国と米英を中心とする西側諸国の間に協調的な関係を構築することでした。中東全域を対象にNATOと同様の同盟関係を構築することが、この時期の米国の地域的目標でした。その後も、米国は自らは関与せず、中東地域の大国イスラエル、イラク、イランを軸にした中東外交を展開しました。

しかし、先述のイラン革命とイラン・イラク戦争（1980年―1988年）の勃発後、米国はイラン革命の他国への波及を防止すべく、皮肉にもイラクへの支援を強化し、イラクが代理勢力に近い役割を担うこととなりましたが、1990年のイラクによるクウェート侵攻のため、突如として終焉を迎えることになりました。

イランとイラクが米国に敵対的な国家となったとき、もはや米国は湾岸地域の安定維持のために依存し得る代理勢力を見出すことができなくなったのです。そのため米国は、中東における安定維持のために自ら直接的に政治的・軍事的責任を担わざるを得なくなりました。米国は、自らの軍事的プレゼンスや積極的な外交を通じて、初めて直接的に中東に関与するようになったのです。

1980年代、米国の地域的政策の最も重要な柱となったのは、イランとイラクに対する「二重封じ込め（dual containment）」でした。この時期の米国は、少なくともイランとイラクの対外的行動を改めさせ、さらにその先には両国の政治体制の弱体化、さらには体制の転換を目標に据えていました。しかし、結果的に、米国はこれらの目標を達成することはできませんでした。

世界の警察官、湾岸戦争の勝利

そして、1990年から1991年の湾岸危機と湾岸戦争は、東西冷戦後の世界に「アメリカ一強時代」の到来を告げたのです。湾岸危機が起きた1990年はソ連崩壊の前年。ソ連が国内への対処に追われる中、米国は、国際秩序を回復する〝警察官〟の役割を果たしました。中東有数の産油国イラクは当時、世界的な原油価格の下落に苦しんでいました。

先述のイラン・イラク戦争で国庫が逼迫《ひっぱく》していたからです。このため当時のフセイン政権は、小国ながら豊富な石油資源を持つ隣国クウェートを、債務の帳消しなどを求め圧迫していました。1990年8月2日にとうとう軍事侵攻に踏み切り、同国の併合を図ったのが湾岸危機でした。フセイン大統領は、日本人を含む人質を「人間の盾」として事態を膠着《こうちゃく》させ、併合の既成事実化を狙いました。

しかし、初代ブッシュ（父）米政権をはじめとする国際社会は、一方的な国境の変更や原油市場の混乱につながる行為を座視しませんでした。国連安全保障理事会は、イラクへの経済制裁や武力行使を認める決議を相次いで採択。1991年1月、米国中心の多国籍軍による攻撃で湾岸戦争が始まったのです。

一方、イラクは、この戦争をパレスチナ問題と結びつけることで国際世論の分断を狙いましたが、米国の指導力は揺るぎませんでした。湾岸戦争は、初めてテレビで生中継された戦争でもありました。次々と映し出される巡航ミサイルなどの最新兵器が、米国の圧倒的な軍事力を世界に印象付けたのでした。

9・11事件と「テロとの戦い」

その後、アメリカ一強時代は長く続くかと思われましたが、2001年9月11日の米中枢同時多発テロで、世界は変わり始めました。ブッシュ米政権は「9・11」を受け、同年10月に国際テロ組織アルカイダの指導者、ビンラーディン容疑者が潜伏しているとされたアフガニスタンを空爆。これが「テロとの闘い」の幕開けでした。

9・11事件のこのテロに対する国際的な反発は激しいものがありました。国連は安全保障理事会で9月12日にテロの脅威に対して「あらゆる手段を用いて闘う」とした安保理決議1368を採択。この日に行われた第56回国連総会でもアメリカ政府と市民に哀悼の意と連帯を表してワシントンD.C.及びペンシルベニア、そして国連本部を置くニューヨークへのテロ攻撃を非難する決議を当時の全加盟国189か国が全会一致で採択し、9月28日には史上初の国際立法とされる安保理決議1373で「すべての国」にテロ対策とその報告を義務付けたのです。

10月1日にはルドルフ・ジュリアーニ氏がニューヨーク市長としては初の国連演説

を行ってテロとの戦いを呼びかけ、ブッシュ大統領も国連総会での初めての演説でこれらの世界の支持に感謝してテロとの戦いを宣言。11月12日の安保理決議1377ではテロは「全国家と全人類への挑戦」とされ、世界各国でテロ対策が進みました。

ブッシュ大統領のイラク戦争

湾岸戦争以降も、イラクは大量破壊兵器の保有・開発疑惑を指摘されながら、一連の国連安保理決議に基づく国際機関による査察を拒否・妨害し、国際社会の平和と安定に対する大きな脅威であり続けました。特に、2001年9月11日の米国同時多発テロ事件以降、国際社会においてテロ組織支援や、大量破壊兵器、ミサイルの拡散に関わっているとされる、いわゆる懸念国によるそれらの保有・使用の脅威が強く認識されたことで、国際社会の平和と安定に対する脅威としてのイラク問題への対処が急務となっていきました。

2002年1月、ブッシュ米大統領が一般教書演説において「世界で最も危険な政権（フセイン政権）が、世界で最も破壊力のある兵器を用いて米国を脅かすことを許しはしない」と述べて以降、イラクをめぐる緊張が再び高まり、同年9月の国連総会一般討論演説において同大統領は、イラクの安保理決議の不履行を指摘し、安保理を通じた問題解決の必要性を強調する一方で、イラクが不誠実な対応に終始する場合には行動は不可避、との考えを明確に示したのです。

国際的圧力を前にイラクは、9月16日、無条件での査察の受け入れを表明。これを踏まえ、11月8日、国連安保理はイラクに対し最後の機会を与え、すべての場所に即時・無条件・無制限の査察が例外なく実施されるべく、強化された査察を受け入れることなどを強く求める安保理決議1441を全会一致で採択しました。

翌年1月28日、ブッシュ米大統領は一般教書演説において、イラクが自ら大量破壊兵器の廃棄を行わなければならないと述べ、2月5日、パウエル米国務長官は、国連監視検証査察委員会（UNMOVIC）と国際原子力機関（IAEA）による査察活動にイラクが非協力的であること、大量破壊兵器の隠蔽工作を行っていること等を示す情報を提示した上で、安保理の判断を促しました。

これに対しフランス、ドイツ、ロシア等は、UNMOVICとIAEAの査察期間の延長を一貫して主張するなど、米国をけん制する動きを見せましたが、2月14日にUNMOVIC及びIAEAが行った安保理報告では、査察に関する手続面での進展がある程度見られたとする一方で、大量破壊兵器等の廃棄という査察目的の達成には、イラクからの即時、無条件かつ積極的な協力が不可欠であると総括されたのです。

そして、3月17日、ブッシュ米大統領は、フセイン・イラク大統領と同大統領の息子たちが48時間以内に同国を立ち去らなければ武力紛争の結果を招くとの最後通告を行いました。18日、フセイン大統領を議長とするイラク革命指導評議会は、同通告を拒否し、米国に対して徹底抗戦するとの声明を発表したのです。

これを受け、ブッシュ米大統領は、3月19日午後、「イラクを武装解除し、イラク国民を解放し、世界を重大な危険から守る」ための武力行使に踏み切り、英国も同日、これに参加しました。同武力行使開始直後の各国の立場については、ブッシュ米大統領が19日に行った演説において軍事作戦への支援を提供している国は35か国に上ると公表した一方で、フランス、ドイツ、中国等が遺憾の意を表明しました。こういう経緯を見ると、アメリカがいかにこの戦争を、明確な根拠なく主導していったかがわかると思います。まさに自ら招いた戦争が、その後現在（2024年）に至るまでのアメリカの外交力を低下させたわけです。アメリカにとってこのイラク戦争は、悔やみきれない戦争となりました。

米英軍は武力行使開始後、クウェート国境からバグダッドに向かって北上し、2003年4月9日にバグダッドを、14日にはフセイン大統領の出身地である北部のティクリートを制圧し、大きな犠牲を被ることなく事実上イラク全土を掌握しました。5月1日には、ブッシュ米大統領が空母「エイブラハム・リンカーン」上で演説し、イラクにおける主要な戦闘の終了を宣言しました。なお、その後も連合軍による旧政権関係者や大量破壊兵器の捜索は続けられ、7月22日にはフセイン大統領長男のウダイ、次男のクサイが連合軍の襲撃を受けて死亡、12月13日にはフセイン大統領がティクリート南方にて連合軍に拘束されたのです。このイラク戦争は5月1日の「戦闘終結宣言」によって、連合軍は圧倒的勝利という姿で、形式的にはイラクへの攻撃を終了しました。

イラクは米軍のバグダッド進攻によるフセイン政権崩壊以降、国連安保理決議1483に基づいてアメリカ国防総省人道復興支援室及び連合国暫定当局（CPA）の統治下に入って復興業務が行われることとなりました。米軍がバグダッドに進撃すれば市民は諸手を挙げて歓迎し、米軍とともにフセイン体制打倒に決起してくれるだろうと考えていたブッシュ政権でしたが、その観測は後に裏切られることになりました。最終的には、2009年1月、ブッシュ大統領は最後の記者会見で対テロ戦争は正当化したものの、2003年に行った「戦闘終結宣言」は誤りであったことを認めました。正式な「終結宣言」は、さらに7カ月後の2010年8月31日、オバマ大統領によってようやくなされることになるのです。

イラクをめぐるバイデン大統領の苦い記憶

　このように、現在のアメリカ外交を語る上で欠かせないのが、イラク戦争の負の遺産です。このイラク戦争には現職のバイデン大統領も苦い記憶があります。それが外交全体に影響していますので、バイデン大統領とイラク戦争の関係についても、ここで触れることにします。

　２０２０年1月、大統領選挙の民主党候補者討論会で、バイデン氏は「大きな間違いだった」と述べました。バイデン氏はイラク戦争直前の２００2年、上院議員として開戦に賛成しました。そして、それは誤りだったと認め、悔やんだのです。それは単なる1票の賛成票ではありませんでした。当時上院外交委員長として、委員会での承認を主導したからです。

　共和党の「ブッシュの大義なき戦争」に積極的に協力したのです。「何千人もの我々の兄弟や無数のイラクの民間人を殺した戦争を可能にした人に、なぜ投票する必要があるのか」。討論会から2カ月後。バイデン氏は西部カリフォルニア州の集会で、退役軍人の男性に激しく詰め寄られました。イラク戦争では、米兵約4500人、イラク市民約12万人が犠牲になりました。2008年大統領選挙でオバマ氏はイラク戦争を「誤った戦争」と批判し勝利。皮肉にも、バイデン氏は副大統領となったのでした。

当時オバマ氏は外交経験に乏しく、外交の中心はバイデン氏が担っていました。私も、バイデン大統領が副大統領時代にワシントンD.C.で勤務し、バイデン副大統領の中東担当補佐官とも、ホワイトハウス近くのスターバックスなどで意見交換をしていました。

バイデン氏は2021年に大統領に就任後、長年の経験と知識を自負し、トランプ前大統領に傷つけられた米国の外交を立て直すと主張していました。

ですが、オバマ政権で国防長官だったロバート・ゲイツ氏はバイデン氏について「過去40年、ほぼすべての主要な外交、国家安全保障問題で間違っていた」と回顧録で切り捨てているのです。「誤り」として挙げられるのはイラク戦争への対応のほか、国連決議に基づいていた1991年の湾岸戦争への反対、2011年のイラク撤退でテロ組織の台頭を許したと批判されていること、アフガニスタンへの増派反対などがあります。米国の専門家も、バイデン外交について「軍事力をいつどのように使うかという一貫した哲学に欠けている」と月刊誌「アトランティック」への寄稿で批判していました。同専門家は、トランプ氏の外交よりは良いとしながらも「バイデンが混乱し、誤った外交政策を唱え続けていることは見落とされるべきではない」と警告しました。

一方で、擁護の声もあります。違う専門家は、「湾岸戦争への反対もイラク戦争への賛成も、同じ投票をした民主党議員はほかにもいた。バイデン氏は基本的には海外での軍事介入に熱心でなく、党内でもリベラル寄りだ」と語っていました。

バイデン氏はトランプ氏が「同盟国との関係を損ない、北朝鮮など独裁国家の首脳との関係を重視してきた」と非難。民主主義国との同盟を再構築すると訴えました。この4年間で、バイデン大統領はこれまでの汚れた過去を清算できたのか、結果は2

024年11月の大統領選挙で審判を受けることになります。

トランプ大統領の罪

アメリカの中東政策に大きなかつ悪い影響を及ぼしたのが、トランプ前大統領（2017年1月から2021年1月）の中東政策でした。その政策はサプライズの連続でした。またアメリカが中東へのバランサーとしての地位を失ったのがこの時代でした。

その一つがパレスチナ問題の矮小化と、イランとの過度な敵対関係でした。両方とも、第5次中東戦争が発生すれば、その根幹となるものです。まず、パレスチナ問題については、オバマ政権からトランプ政権への移行期に、米国のイスラエル・パレスチナ問題への関与として話題になったのが、ユダヤ人入植地問題でした。オバマ氏は大統領就任後、和平交渉の障害となっている入植地建設に対して、反対の姿勢を明確に打ち出しました。

ネタニヤフ政権は抵抗し、米・イスラエル関係は「史上最悪」と言われるまでになったのです。オバマ氏は、任期第2期ではネタニヤフ政権との関係修復に動きましたが、大統領の任期切れまで1カ月となった2016年12月、国連安保理でイスラエルの入植活動を非難する決議案が採決された際、米国は拒否権を行使せず棄権したため、決議案は採択されました。最後の最後に、オバマ氏がネタニヤフ首相に強い不信を抱いていたことを感じさせた瞬間でした。

そもそも、発足当初から、「和平合意の実現」という公約を掲げて登場したオバマ大統領ですら何ら成果をあげることはできなかったことから、トランプ政権下では、和平への期待値は低かったのです。むしろ、トランプ大統領は、就任前から、イスラエルの米国大使館を当時のテルアビブからエルサレムに移転させることを公言してきました。

また、ネタニヤフ政権が求めてきた、イスラエルを「ユダヤ人国家」と認定することにも支持を示し、パレスチナ問題を悪化させかねない発言を続けてきました。

そして、実際、2018年には、米国大使館をエルサレムに移転し、またイランとの核合意から離脱し、中東におけるバランサーとしての地位を完全に失ったのです。

バイデン大統領の無関心

その後の、バイデン大統領の中東政策は、一言でいえば、「無関心」。バイデン大統領の就任後初めての中東訪問は、2022年7月。イスラエル、パレスチナ、サウジアラビアが訪問地でした。2021年1月の大統領就任後、1年半が経過しての初めての中東訪問となったのはなぜなのでしょうか。

トランプ前大統領の就任後初の外国訪問がサウジアラビアであったことと比較しながら、アメリカの中東外交の変遷、なかんずくバイデン政権の中東政策、また、2022年2月のウクライナ侵攻が、中東の地政学、エネルギー安全保障に与えた影響について触れたいと思います。

バイデン大統領は、２０２１年２月、就任後初の外交演説で、アメリカ外交のパワーシフト、すなわち２００１年の米国同時多発テロ事件、２００３年のイラク戦争で負った、アメリカ外交の負の遺産である「中東」からの脱却と、中国、ロシア等権威主義国家へのシフトを鮮明にし、特に中国を競争相手と明確に位置付けました。

２０２１年８月のアフガニスタンからの米軍撤退は、「脱・中東」の象徴となりました。また、バイデン大統領は、アメリカ民主党政権の外交の象徴である基本的価値（民主主義、人権、平和）を重視する外交も鮮明にしました。中国の新疆《しんきょう》ウイグル自治区、香港の人権問題への言及はその証左であり、中東も例外ではありませんでした。

しかし、このアメリカの「脱・中東」戦略が、２０２２年２月のロシアによるウクライナ侵攻に起因する世界的な原油価格の高騰と、バイデン政権による気候変動重視政策のため、エネルギー安全保障上の観点で頓挫。特に、トランプ前大統領時代と異なり、人権重視等により、冷たい状態となっていた湾岸産油国のサウジアラビア、UAEとの関係は再構築せざるを得ず、ワシントンD.C.では、米国が、中東に「再関与」へ舵切りすべきなのか、その場合でも、これまでの軍事・安保中心から多面的な関係（経済、ビジネス、気候変動、人権、宗教等）へのシフトの可能性についての模索が始まっていたのです。

そのような中で、バイデン大統領は本音では否定的であった中東訪問を敢行せざるを得なくなりました。

アメリカ国民がガソリン1ガロン当たり5ドルを超える生活を強いられる中で、大統領本人による湾岸諸国への増産要請のパフォーマンスなしでは、2022年11月の中間選挙での民主党の敗北がより決定的になるとの焦燥感によるものです。

実際、当時、アメリカ高官も、バイデン大統領にとっては、本来、望まない中東訪問であったが、サウジアラビアとの人権問題とエネルギーのディールのために、出向かざるを得なかった旨述べていました。

一方で、自ら強調した中東の人権問題、なかんずく2018年にイスタンブールのサウジアラビア総領事館で発生した（反政府）サウジアラビア人ジャーナリスト・カショギ氏の殺害事件については、何らかの折り合いをつけなければならないとのジレンマを抱えていました。同事件発生当時の共和党トランプ大統領は不問にしたのですが、バイデン政権は発足直後の2021年2月、米国家情報長官室が同事件にムハンマド皇太子が関与したと結論付けました。

この報告で、サウジアラビア、特にムハンマド皇太子の国際的信頼度が地に落ち、サウジアラビア側の怒りは頂点に達していました。実際、筆者が2022年4月にサウジアラビアに出張した際にも、サウジアラビアの王族、高官筋からは、バイデン政権のカショギ氏殺害事件の対応への怒りが肌で感じられました。

その後、バイデン大統領は、カショギ氏殺害事件の首謀者ムハンマド皇太子は、もはやアメリカ大統領のカウンターパート（交渉相手）ではないとして、かたくなにサルマン国王を相手としてきましたが、サウジアラビア側はこれを逆手にとり、サルマン国王は、原油増産の決定権はムハンマド皇太子にあると説明し、バイデン大統領が、サウジアラビアから原油増産を求めるなら、ムハンマド皇太子と会わざるを得ない状況を醸成したのでした。サウジアラビアの方が外交上手と言えるかもしれません。人権やカウンターパート問題で、自らハードルを上げた恰好のアメリカは、訪問前から苦しい立場に追い込まれていました。

一方、イスラエル訪問については、実は、バイデン大統領の訪問発表（6月14日）直後に、イスラエル・ベネット政権は解散（6月30日）となり、間の悪い訪問となってしまいました。しかし、アメリカ中間選挙におけるユダヤ・ロビーとの関係も睨み、訪問をキャンセルするという選択肢はありませんでした。バイデン大統領と前ネタニヤフ首相の関係は険悪であったため、バイデン政権は、本音では、ベネット政権存続を希望、支持していたのですが、結果的に、同年11月1日のイスラエルの総選挙で再度そのネタニヤフ首相が勝利し、それが、２０２３年10月以降のイスラエルによるハマスせん滅作戦で、バイデン氏とネタニヤフ氏の意見が異なることの要因の一つになっているのです。

他方で、バイデン大統領のイスラエル訪問には、イラン核合意へのアメリカ復帰交渉について最新状況をイスラエル側と共有し、同時にイスラエル側の単独行動をけん制する狙いもあったことは間違いありません。２０２２年に入り、ロシア、中国への両面作戦を強いられる中、イスラエルとイランという核保有可能性のある国同士の直接対峙は、バイデン政権は是が非でも回避したいシナリオであったからです。

イランの核合意については、バイデン政権発足後、アメリカの復帰交渉が紆余曲折を経ながらも継続しており、この点、アメリカとしても、イラン核合意が完全に崩壊し、イラン側の挑発が発生する前に、イラン包囲網を形成しておきたいとの思惑もありました。

パレスチナ訪問については、バイデン政権が、トランプ政権よりはパレスチナ問題に関心を示していることの証左であり、２０２１年5月、イスラエル・パレスチナ間の衝突の激化が再燃し、アメリカがこの問題で足を引っ張られることは避けたい思惑があったのです。バイデン政権が、トランプ政権よりはパレスチナ問題に関心を示すのは、ロシア、中国との戦線がある中で、とにかく、中東地域の情勢悪化だけは絶対避けたいという思惑に過ぎませんでした。

２０２２年7月14日、バイデン大統領は、エルサレムでラピド首相と会談し、核合意再建交渉が難航するイラン情勢やイスラエルとアラブ諸国の和平推進を中心に協議しました。

両首脳は会談後、「米国・イスラエル戦略パートナーシップ・エルサレム共同宣言(The Jerusalem U.S.-Israel Strategic Partnership Joint Declaration)」に署名し、イランの核兵器保有阻止や、イスラエルとアラブ諸国の国交正常化のさらなる深化などについて合意しました。

翌7月15日、イスラエル首脳との会談を終えた米国のバイデン大統領は、ベツレヘムでＰＡのアッバス大統領と会談しました。アッバス大統領はイスラエルによる占領を終結させるべきだと述べ、米国に東エルサレム領事館の再開、ＰＬＯの外国テロ組織リストからの除外、ＰＬＯワシントン事務所の再開を要求しましたが、バイデン大統領はこれらの要求について明言を避けました。さらに「現在は和平交渉再開に適した時期ではない」とも述べ、パレスチナ側を大いに失望させたのです。

このようなバイデン政権の無関心が、アメリカの中東での影響力、アラブ、パレスチナの信頼低下を招いたのでした。自業自得と言えるかもしれません。

7月15日、バイデン米大統領はサウジアラビアのジッダに到着した後、サルマン国王との会談に臨むため宮殿を訪問しました。国営サウジアラビア通信の映像によると、バイデン氏が車から降りるとムハンマド皇太子が歩み寄って出迎え、両者は拳を突き合わせて挨拶していました。先述のとおり、人権重視を掲げるバイデン大統領は、サウジアラビアのムハンマド皇太子を厳しく批判してきただけに対応が注目されましたが、両者は拳を突き合わせて挨拶したのです。

バイデン大統領は、ムハンマド皇太子との会談の冒頭で、カショギ氏殺害事件に触れました。これに対してムハンマド皇太子は、（自身の関与を改めて否定した上で）痛ましい事件だがどこででも起こり得る過ちであり、米国もイラク・アフガニスタンで人権侵害を働いたと反論しました。肝心の原油増産については、しかし、この日サウジアラビアが発表した共同声明では、石油供給量の増加には言及されず、両国が「世界のエネルギー市場の安定に向けたコミットメントを再確認した」と述べるにとどめられました。

カショギ氏殺害事件の首謀者が、原油の増産を求める相手であるにもかかわらず、その首謀者を今回改めて責め立てたことで、アメリカは人権問題でもエネルギー問題でも譲歩を得ることはできませんでした。

本来は原油の増産を求める訪問であったにもかかわらず、人権の重要性を強調するための訪問であったのかと言わざるを得ない事態でした。ここにバイデン政権の中東政策の根本的な矛盾が露呈することになったのです。ただし、これは今回の訪問のみで起こったことではなく、アフガニスタン戦争、イラク戦争、「アラブの春」等一連の中東をめぐる大事件でアメリカが貫いてきた、アメリカ式の民主主義、人権という価値が、相も変わらずに前面に出たと見ることもできるでしょう。中東におけるアメリカ外交の限界が露呈したのです。

パレスチナ問題については、結局、イスラエル・パレスチナ合同経済委員会の再開が唯一の具体的成果と言わざるを得ない訪問となりました。バイデン政権は、トランプ時代に悪化したパレスチナ関係の改善に前向きな姿勢を見せてきましたが、2014年以降中断しているイスラエル・パレスチナ交渉を再開させるほどの熱意もありませんでした。

かつてのビル・クリントン大統領が1998年7月にガザを訪問し、また、2000年7月に、キャンプ・デービッドサミットでクリントン大統領が15日間、かかりっきりになったこととは雲泥の差でした。

アメリカの中東問題への関与の逓減《ていげん》の証左がパレスチナ問題に如実に表れ、それが結果的に2023年10月のハマスの逆襲を招いたことは必然だったのかもしれません。

第7章 日本はパレスチナ問題の解決にどう貢献すべきか

現地で見てきた日本のパレスチナ外交

私の外交官としての最初の勤務地は、パレスチナ自治区のガザでした。

1995年7月から1998年6月までの3年間、エジプトでアラビア語の研修を受けた後、1998年7月に在イスラエル日本国大使館所属になり、7月23日には対パレスチナ日本政府代表事務所がガザに開設されたのです。

私は同事務所の初代外交官となりました。1993年のオスロ合意後、パレスチナにはPAが樹立され、日本でもパレスチナ支援を本格的に行う制度、受け皿が整備されたのに伴い、現地での拠点が必要だとの判断に至ったのです。

ここでは、日本とパレスチナの関係、普段あまり知られることのない日本のパレスチナ支援について触れ、最後にイスラエル・ハマス戦争における日本政府の立場を検証し、コメントしたいと思います。

私は、ガザの初代外交官として勤務（アラファトPLO議長の通訳を計約20回）したのち、霞が関では、2001年以降、総理のアラビア語通訳を務めていました。2006年7月の小泉総理のパレスチナ訪問の際は、アッバス大統領の通訳を計4時間行いました。

また、2017年12月に河野太郎外務大臣がパレスチナを訪問された際には、アラブメディアアドバイザーとして同行しました。河野外務大臣は、アッバス大統領を表敬訪問し、首相のハムダッラー氏主催の昼食会にも参加しました。また河野外務大臣は2017年にエジプトで、2018年6月にタイで、2018年9月にイタリア・ローマでいずれもマーリキー外相と会談を実施。電話会談も2017年8月に実施されるなど、パレスチナやイスラエルを中心とする中東情勢に大変強い関心を有しておられました。

2018年4～5月には当時の安倍総理がパレスチナを含む中東諸国を訪問。安倍総理のパレスチナ訪問は2度目で、アッバス大統領との首脳会談ではパレスチナ問題や中東和平について話し合われ、また「平和と繁栄の回廊」構想の旗艦事業である「ジェリコ農産加工団地（ＪＡＩＰ）」の視察も行われました。

日本・イスラエル・ヨルダン・パレスチナによる「平和と繁栄の回廊」

日本・パレスチナを含む重要な多国間の枠組みとしては、日本・イスラエル・ヨルダンそしてパレスチナの四者による地域協力「平和と繁栄の回廊」が存在します。

これは２００６年当時の小泉総理がパレスチナを訪問した際に日本から提唱されたもので、ヨルダン渓谷の経済的・社会的な開発を進めるとともに、パレスチナの国家としての自立を目指すものです。

現在までに６度の四者協議が開かれています。

まさにパレスチナ支援における日本独自の取り組みの象徴と言えるでしょう。

また日本は２０１３年、先進国や新興国の集まる東アジアにおけるリソースや経済発展の知見を動員し、パレスチナの国づくりや経済発展、平和実現を支援すべく「パレスチナ開発のための東アジア協力促進会合（CEAPAD）」を立ち上げました。

これは主導国である日本と支援対象国であるパレスチナほか、韓国、中国、インドネシア、シンガポール、タイ、マレーシア、ベトナム、フィリピン、ブルネイなどが参加する会合で、閣僚級会合が3度（第1回が東京、第2回がジャカルタ、第3回がバンコク）、高級実務者会合が2度開催されています。

日本が支援するパレスチナ・ジェリコ農産加工団地

先述の「平和と繁栄の回廊」構想の旗艦事業として、ジェリコ市郊外に農産加工団地を建設する計画があります。本計画は、3段階で構成されます（第1ステージ〈19・4ヘクタール〉、第2ステージ〈42・1ヘクタール〉、第3ステージ〈50ヘクタール〉）。現在は、第2ステージを遂行中です。

2017年10月には、約40社が入居契約を終え、うち、8社（オリーブ葉エキスのサプリメント、梱包用緩衝材、ウェットティッシュ、ミネラルウォーター、オリーブ石けん、冷凍ポテト、再生紙、デーツのパッケージング）の工場が操業を開始しています。

これまで我が国は、インフラ整備（管理棟、太陽光発電施設、給水塔、工場の一部等）を実施しており、また、周辺インフラとして、市内生活道路整備、下水処理施設、廃棄物処分場拡張などを実施。さらに、技術協力プロジェクトにより、農産加工団地（ＪＡＩＰ）運営に必要な能力構築支援を実施中です。２０２１年８月には茂木敏充外務大臣（当時）が、同団地でのビジネス繁栄センター開所式に出席しました。

2023年10月7日から日本政府は何をしてきたか

２０２３年10月に発生したハマスによるイスラエル攻撃とその後の展開における日本政府の対応を振り返り、もし第５次中東戦争が勃発した際のために教訓を残しておくべきと考えます。まずは時系列で整理しましょう。

２０２３年10月7日、ハマスが、ガザ地区からイスラエルに数千発のロケット弾を発射。イスラエルが報復に出る中、当初、日本政府はあくまで「すべての当事者」に自制を求めていました。しかし、イスラエル、ひいては、それを支持する同盟国アメリカにも配慮してか、その後、表現は変わっていくことになりました。

まず、10月10日秋葉剛男国家安全保障局長がイスラエル大使と会談。10月11日岡野正敬外務事務次官がイスラエル駐日大使と会談すると、日本政府として、パレスチナ問題で初めて「テロ攻撃」という表現を使い、ハマスなどによる奇襲攻撃を断固非難しました。

欧米が「テロ」と非難する中、日本政府は当初「テロ」という表現を使いませんでした。国際的に「テロ」の定義もない中で、その表現の使用の是非は結局、各国の政策判断です。

日本がこれまでパレスチナ問題でテロという表現を使わなかったのはなぜか。同じ民間人の殺害でも、イスラエルによるガザ攻撃でパレスチナ民間人が殺害されても「テロ」という表現は、欧米諸国では絶対使用しない中で、日本がイスラエルとパレスチナの間でダブルスタンダードに陥るのを回避するためでした。

日本は、イスラエルとパレスチナ双方にバランスをとり、双方にしっかり働きかけられることが強みで、それが日本の国益にとって最優先の中東の安定につながるからです。

その意味で、今回、仮にハマスの行為に「テロ」という表現を使用したのなら、アラブ、パレスチナ側にしっかりその背景を説明し理解を得なければなりませんが、残念ながらその形跡は見られません。

これでは、長年、日本がはぐくんできたアラブ諸国との信頼関係がもろくも崩れる可能性も排除されません。これだけは絶対避けなければなりません。

その後、10月13日には、日・イスラエル外相電話会談を実施。上川外務大臣は「イスラエルが国際法に従って自国を守る権利を有するのは当然だ」と指摘、同日の日・パレスチナ外相電話会談では、上川外務大臣は、「ハマスなどテロ攻撃を断固として非難する。事態の沈静化に向けて関係者への働きかけをお願いする」とパレスチナ側にも伝えました。一方で、日本政府は、イスラエルの攻撃で犠牲者が増え、人道状況が悪化するガザ地区への支援にも取り組みました。

また、ガザ地区の一般市民に総額1000万ドルの緊急人道支援を実施することを表明しました。

10月21日には、上川外務大臣がエジプトで開かれた「カイロ平和サミット」に出席。PAのアッバス大統領とも会談し、事態を沈静化させる重要性を確認するとともに、人道状況の改善に向けて緊密に意思の疎通を図っていくことで一致しました。

10月22日、G7の日本を除く6か国の首脳が電話で会談し、共同声明を発表。イスラエルへの支持と、テロに対する自衛の権利について改めて表明するとともに、民間人の保護を含む国際人道法の順守を求めていくことを確認しました。しかし、声明に日本の国名はありませんでした。

松野博一官房長官（当時）は記者会見で「6か国は誘拐・行方不明者などの犠牲者が発生しているとされる国々だ」と説明しました。日本が共同声明に名を連ねなかったのは正しい判断ですが、なぜもう少し、堂々と説明できないのでしょうか。日本は他のG7と中東における国益が異なるのです。日本は、中東への原油依存度が群を抜いて高い。イスラエル、パレスチナ双方からの信頼を得なければならない立場です。

10月27日、国連総会の緊急特別会合で、ヨルダンが取りまとめた人道目的での休戦などを求める決議が121か国の賛成で採択されました。

アメリカ、イスラエルは反対。日本は棄権しました。上川外務大臣は記者団に「支持できる内容も含まれていたが、テロ攻撃への強い非難の言及がないなど、バランスを欠いていたから総合的に判断して棄権した」と説明しました。これも非常にわかりにくい説明で、アラブ諸国の失望を買う結果になりました。

中東現地では、イスラエルに見事に洗脳され、パレスチナの人道目的のための国連での決議にも賛成できない日本政府への失望がうずまきました。

10月31日、日本政府は、改めてハマスによるテロ攻撃を認めない立場を明確にするとともに、組織の収入源を絶つため、幹部ら9人の資産を凍結するなどの制裁を科すことを決定しました。

11月3日、上川外務大臣がイスラエルとパレスチナ自治区を訪問。イスラエルでは、コーヘン外相と会談し、ハマスの攻撃はテロであり、断固非難する考えを示しました。

その上で、人道目的の一時的な戦闘の休止が必要であり、すべての行動は国際人道法を含む国際法に従って行われるべきだという考えを述べました。同じ日に、パレスチナ自治政府のマーリキー外相ともヨルダン川西岸で会談し、ガザ地区の深刻な人道危機に懸念を示した上で、およそ6500万ドル規模の追加の人道支援を行う考えを伝えました。

一連の訪問では、上川外務大臣はイスラエルで、ハマスの攻撃で犠牲になった人や今も人質となっている人の家族とも面会。「イスラエル国民と連帯しており人質の解放やテロのない世界に向けてできる限りの努力をしたい」と述べました。ガザ地区の人道危機が深刻化するにつれ、上川外務大臣はイスラエルの攻撃で一般市民の犠牲が増え続けている状況に懸念を示しました。このようなイスラエルへの配慮は人道面ではバランスのとれた外交でした。

11月7〜8日には、G7外相会合（東京）が開催され、以下の共同声明が発出されました。

イスラエル・パレスチナ情勢について、①ハマスなどのテロ攻撃を断固として非難し、②人質の即時解放を求めるとした上で、③ガザ地区の人道危機に対処するため、戦闘の人道的休止や人道回廊の設置を支持する。そして、④イスラエルと自立可能なパレスチナ国家が共存する「二国家解決」が公正で永続的な平和への唯一の道。議長を務めた上川外務大臣は記者会見で、こう強調しました。

しかし、現実的には、戦闘休止へ影響力を持つのはアメリカですが、今のところバイデン大統領の求めにもイスラエルは応じていません。

日本は、イスラエルとの間で歴史的な経緯などを抱える欧米各国と違い、バランスをとりながらアラブ諸国とも関係を築いてきました。その日本の強みを生かし、アメリカとともに、イスラエルだけでなく、ハマスに影響力を持つ関係国にも協力を呼びかけ、事態の沈静化につなげられるかが焦点になります。

さらには外交努力を粘り強く続け、和平交渉の再開へ導くことができるのか、そのロードマップを描くなど、日本の中東外交における「知恵」と「汗」が今、問われていると思います。

ガザ戦争、今後のポイント

緊迫するイスラエル・ハマス戦争における今後のポイントは以下の4つです。

①ガザ地区の危機的な人道状況を受け、パレスチナ支援をしっかり行うこと。日本はこれまでに国際機関やＪＩＣＡ、日本のＮＧＯを通じて、パレスチナに対する総額1億ドル以上の人道支援を実施してきていますが、欧米の一方的なハマス批判に負けず、パレスチナ民衆への支援を一貫して実施することが、パレスチナの安定、ひいては中東の安定につながります。

②ガザ停戦後のロードマップ策定に日本の経験を生かすこと。1991年マドリード会議の多国間部会のようなものを発足させ、日本が環境・水のリード国となります。アメリカの消極的な姿勢を日本が引き戻すことがカギとなるでしょう。

③バランスをとるのはなぜかについて国民にしっかり説明すること。日本の国益は中東の安定で、ある勢力を支持、不支持することではありません。日本がG7の中でも最も中東に原油を依存しており、好まざるも特殊な立場にあることを日本政府はもっと日本国民に説明すべきです。そうでないと、なぜ支持しないのかとの問題を惹起してしまうからです。安定を実現するためにはあらゆる勢力とのパイプ維持が最優先。欧米に屈することなく、イスラエル、パレスチナ双方を、有事の日本の友人にしておけるかが今後のカギを握ることになるでしょう。

④イスラエル、パレスチナ双方にバランスをとりながらも、是々非々で主張すべきは主張すること。

その観点で、中東和平の障害となるイスラエルの入植活動の継続について、2

024年7月3日、外務省が外務報道官談話で、「我が国を含む国際社会の再三の呼びかけにもかかわらず、イスラエル政府が入植活動を継続していることについて、我が国として、引き続き深く懸念するとともに、改めて強い遺憾の意を表明します。

入植活動は国際法違反であり、『二国家解決』の実現を損なうものです。」と明らかにしたことは評価されるべきだと思います。

第8章

第5次中東戦争が勃発したら、日本は何をなすべきか

サウジアラビア・UAEとの関係強化

日本は中東の各国との強固なパイプを有しています。しかし、そのパイプはバランスがとれたものでなければなりません。

イスラエルのみ、アラブ諸国のみ、イランのみということでは、いざ中東戦争が勃発したときに、働きかけの入り口すら失うことになりかねないからです。

そして同時に、日本の国益（95％以上の原油依存）が最もかかるサウジアラビア、UAEとの平時からの関係強化が大事なのです。

イスラエルとイランの報復合戦が激化した場合でも、重要なのは、両国への働きかけと合わせて、サウジアラビア、UAEとの緊密な関係です。

特にアラブ諸国は有事があってからではだめで、常日ごろの外交努力が欠かせません。

こういう俯瞰《ふかん》した視点で、主体的に中東外交を繰り広げられていたのが、安倍元総理（2007年、2012年—2020年）、そして河野元外務大臣（2017年—2019年）でした。

河野大臣は2年間の外務大臣在任中計6回も中東を訪問されました。

残念ながらこの2人を除き、中東外交に強い関心を持ち、主導してきた政治家は見られませんでした。現在も、加えてこれからも日本の総理、大臣には、中東の情報にアンテナを常時張って、自らの信念で中東外交に取り組んでいただきたいと思います。

ここではまず直近（2023年7月）の岸田総理の中東・湾岸諸国訪問の概要を説明し、その上で、理想の外交像を描きたいと考えています。それが、第5次中東戦争勃発時の日本の取るべき道と思うからです。

遅れた岸田総理の中東訪問

2023年7月16日から18日まで、岸田総理は中東3か国（サウジアラビア、UAE、カタール）を訪問されました。また、日本企業のビジネス機会の拡大を図るため、岸田政権下で初めて総理訪問時に経済ミッションが組成されたのです。

日本の総理による中東訪問は2020年1月の安倍晋三氏以来、実に約3年半ぶり。この間、中東は世界の秩序を握るホットコーナーになっていたにもかかわらず、日本の動きは大変鈍いものでした。

岸田総理は中東出発に先立ち「貿易、投資、人的交流の分野で各国と一層の関係を強化する機会にしたい」と述べ、また、「エネルギー安全保障と現実的なグリーン・トランスフォーメーションの実現に向けて緊密に連携を確認したい」と強調していましたが、中東3か国を訪問時、7月18日の最終地カタールでの内外記者会見で、岸田総理は以下のとおり総括しました。

①サウジアラビアのムハンマド皇太子兼首相、UAEのムハンマド大統領、カタールのタミーム首長と会談。日本と中東地域の関係の中核にあるエネルギー分野の課題にどう向き合うかについて、また、ロシアのウクライナ侵攻により、世界的

なエネルギー供給の不安定化が問題となっている今、各国首脳と世界的な視野で議論を深めることができた。さらに、今回訪れた3か国とも、石油依存経済から脱却し、脱炭素エネルギーの輸出国に転換するとともに、経済・産業の多角化を図りたいという強い意志がある。湾岸諸国と日本がそれぞれの強みを組み合わせて、中東産油国を、脱炭素エネルギーや重要鉱物を輸出する「グローバル・グリーンエネルギー・ハブ」に変えていくことは、世界の平和と繁栄に向けた貢献として大きな意義を持つと認識できた。

②今回、岸田政権において初めて、経済ミッションを形成。のべ100社以上の日本企業のCEOや幹部の方々、JBIC（国際協力銀行）やNEXI（日本貿易保険）等の政府関係機関のトップが、湾岸3か国の首脳や企業幹部と直接対話し、さまざまな分野で協力するための礎を作る。こうしたトップが関与した官民連携、民間同士のチャネルの強化も、今回の訪問の重要なテーマであった。このような大きな目的は、訪問した3か国の方々の熱意や協力を得て、おおむねすべて達成

された。

③具体的には、特に以下の点で成果。第1に、エネルギー分野に関連し、今回、「グリーン・トランスフォーメーションの推進」に向けて協力することで一致。サウジアラビア、そして本年のCOP28議長国であるUAEに対し、日本が協力して、中東地域を将来のクリーンエネルギーや重要鉱物のグローバルな供給ハブとするビジョンを提示し、賛同を得た。今後、このビジョンの実現に向けて、水素・アンモニアの製造や、脱炭素技術の実用化と普及に向け、連携を強化。現実的なエネルギー・トランジションに向けて大きな絵を共に描く、「グローバル・グリーン・ジャーニー構想」について賛同を得た。

④湾岸3か国の経済・産業多角化に向けて、日本の力強いコミットメントを示せたことが2つ目の成果。先端技術、半導体、宇宙、医療、教育、農業、観光といった分野で、計7本の二国間協力に関する文書への署名が行われた。民間レベルでも、海水淡水化プラントの共同研究に関する、サウジアラビアの電力会社と東レ

の覚書や、医療ソフトウェアの販売・保守契約に関する、ＵＡＥの企業と富士フイルムの覚書など、のべ50本以上の両国企業間の覚書への署名。脱炭素など先端分野においては、スタートアップの連携等を通じたイノベーションの加速化も重要。ＣＯＰ28に向け、日・ＵＡＥイノベーション・パートナーシップを提案、賛同を得た。

⑤日・ＧＣＣ（湾岸協力理事会）間のＦＴＡ（自由貿易協定）については、ＧＣＣのブダイウィ事務総長との間で、２０２４年中に交渉を再開することで見解一致。これを機に、日本として、湾岸諸国のグリーン・トランスフォーメーションの推進や、産業多角化に向けての改革努力を強く支援しつつ、日本企業のビジネス機会の拡大や対日投資の呼び込みにつなげていく必要あり。

⑥3つ目は、安全保障分野での関係強化。アラブ諸国で唯一Ｇ20メンバーであるサウジアラビア。また、２０２２年から安保理非常任理事国を務め、日本と任期を共にしているＵＡＥ。そして、昨今の外交努力により国際的な存在感を高めるカ

タール。政治・経済両面で影響力を増すこれらの湾岸諸国と、外交・防衛分野における対話の機会を増やすとともに、国際場裡《じょうり》でのより一層の協力を深めていくことで合意。GCCと外相会合の定例化について一致。

私は、この訪問自体は有意義だったと思いますが、懸念されるのは、総理の中東訪問にまた3年以上の間隔が空いてしまわないかということです。トップ同士の信頼関係が特に重視されるアラブ諸国との外交は、1年に1回は双方での往来を定例化するなどの枠組みが今後必要になると思います。それが、いざ有事（第5次中東戦争）のときの何よりのセーフティネットになるのです。

この点、2024年5月には、サウジアラビア・ムハンマド皇太子が訪日する予定でしたが、サウジアラビアを発つ直前に、サルマン国王が肺炎にかかられたため、急きょ、訪問は延期になりましたが、オンラインで開催された岸田総理との会談で、できるだけ早くの訪日実現が確認されました。

中東にも、中国が食い込んでいる

ロシアのウクライナ侵攻後、中東をめぐる世界の構図が急速に変化する中で、日本の総理が約3年半も中東を訪問しなかったことで、中東諸国との関係が希薄になり、存在感を失いつつありましたが、2023年7月の岸田総理の訪問で、首の皮一枚つながったと捉えたいと思います。

日本が官民挙げて、中東諸国が求めるものをきめ細かく提供できるのであれば、中東との新たな関係、新たな時代を切り開く可能性はまだ残っています。

日本と中東との関係希薄化は、脱炭素に向かう日本のエネルギー安全保障にとってのリスクだけでなく、中東にかつて存在した経済・産業面で日本に敬意や親近感を示す要人が減ってきたことも挙げられます。中東産油国との関係再構築では、各層、各世代の人脈の再構築もあわせて進めることが不可欠です。

日本にとって、さらに気になるのは、米国が中東から退く隙を突いて、中国が政治的影響力をより一層拡大することです。

中国は世界最大の原油輸入国で、輸入原油の過半数を中東産が占め、その量は年々増えています。米中の間で独自の立ち位置を探る中東諸国にとっては、米国か、中国かの選択ではなく、米国と中国を両てんびんにかけることが真の狙いです。

日本は、そういう立場にある中国と、今後、中東のエネルギー確保という国益をかけて対峙しなければならなくなることにもっと警戒が必要です。

事実、筆者がビジネスコンサルタントとして、サウジアラビアの各官庁、関係機関、企業を回っていても、欧米はもちろん、中国、韓国、インドのプレゼンスはひしひしと感じる一方、日本のプレゼンスの低下は否めません。

実はカーボンニュートラルに期待が高い中東

２０５０年カーボンニュートラルを掲げる我が国にとって、中東地域は、脱炭素実現に向けても、また、エネルギー安全保障上の面でも重要なパートナーです。

太陽光、風力等の再生可能エネルギーのポテンシャルが高い中東地域は、グリーン水素などのカーボンニュートラル社会に資するエネルギー供給源としての期待が高いのです。

中東情勢の安定の傾向と合わせ、日本企業にとってのチャンス到来と言える所以です。今後は、エネルギー分野以外でも中東諸国との関係を強化し、産油国の脱石油依存の成長戦略と日本の成長戦略とをシナジーさせ、日本と中東がお互いに「脱炭素」ビジネスでウィン・ウィンの関係を築くことが重要となります。

記憶に残る安倍中東外交

私は、外務省で約26年間勤務し、天皇陛下、総理や外務大臣のアラビア語の通訳として、海外に同行するだけでなく、現地の大使館で受け入れ先の責任者としても数多くの経験を積んできました。

模範とすべきは、安倍総理（当時）の中東外交だと思います。

安倍総理といえば、トランプ氏やプーチン氏との昵懇《じっこん》な関係ばかりが報じられるのですが、実は安倍総理の中東外交は戦略的でした。総理として歴代最長の通算8年8カ月間務められた安倍氏は、外交も２０１２年の第２次政権発足以降、80の国と地域を訪問するなど、地球を約40周していましたが、日本は中東から石油を95％以上輸入しているとして、安倍総理はこの事実から、中東の戦略的重要性を強く認識し、日本のエネルギーの安定確保に全身全霊で取り組まれました。

先述の、中東・ペルシア湾岸地域における地域協力機構である、ＧＣＣのサウジアラビア、ＵＡＥ、バーレーン、オマーン、カタール、クウェートの6か国すべての国を訪問されました。また、安倍総理は、２０１９年6月には日本の総理として実に41年ぶり、１９７９年のイラン革命以降初めてイランを訪問し、ハメネイ最高指導者と会談。日本とイランの強固な関係を築かれました。

これほど、中東を重要視した日本の総理は私の知る限り、安倍総理だけです。戦後最年少で、戦後生まれとしては初めての内閣総理大臣となった安倍総理は2007年（第1次）、就任後初めて米国を訪問し、ブッシュ大統領との首脳会談を行い、そして、その足でサウジアラビア、UAE、クウェート、カタール、エジプトの中東5か国も訪問し、各国首脳と会談したのです。サウジアラビア、UAE、クウェート、カタールは、日本が原油を頼っている1位から4位の重要なエネルギー国。私は、同訪問の総理通訳を任命され、ワシントンD.C.まで行き、安倍総理に随行し、その後、中東5か国を回りました。

安倍総理は、アメリカと中東を一気に駆け巡る世界1周ツアーを行った最初で最後の総理です。中東に行く前にアメリカで大統領と会談し、そのメッセージを中東諸国に伝えるという、理想の外交を展開されました。

当時、サウジアラビアのアブドッラー国王と会談。2007年、昭恵夫人も交えてのカタールのタミーム皇太子（現首長）夫妻との私的な通訳も、私にとってかけがえのない思い出となりました。

また、2020年1月、安倍総理は、トランプ政権が、イラクでイランの革命防衛隊のソレイマニ司令官を殺害した事件の約10日後に、サウジアラビアとUAE、オマーンに行く予定でした。当時、まだ外務省勤務だった私は東京から出張し、オマーンの大使館で受け入れの責任者を務めました。

同司令官の殺害などで中東地域の緊張が高まる中で、事態のさらなるエスカレーションを避けるため、緊張緩和に向けての安倍総理の中東歴訪でした。

アメリカとイランの緊張が高まっているこの時期に行くのは危ない、と官邸の補佐官たちは中東行きをやめるよう進言しましたが、安倍総理は強い意志で行くと決められたのです。結果、3か国とも無事訪問され、特にサウジアラビアではムハンマド皇太子の別荘にまで招かれました。

その後、コロナの爆発的感染、ロシアのウクライナ侵攻が始まり、世界が、日本が、原油高で苦しむ中でも、湾岸産油国から日本へ安定的な供給がなされている強固な基盤を築いていただきました。この中東訪問が、安倍総理として、またご本人として最後の外国訪問となってしまったのは本当に無念です。

「中東地域は、世界有数のエネルギー供給源と物流の要衝であり、テロ・大量破壊兵器の拡散防止のための重要な地域。中東地域の平和と安定は、日本と世界の安定に直結します。中東は、日本にとって非常に重要な地域です」

安倍総理が常々、口にしていた言葉が今も私の脳裏にあります。派手なパフォーマンスはないものの、手元のメモは見ず、アラブのような異国の文化、価値観を有する外国要人にも自らの言葉で説得力を持って語られる政治家でした。

今後の日本の首脳には、安倍総理のような、多様な価値観を尊重し、アラブ諸国に加え、イスラエル、イランも包含したような奥深い、したたかな外交を期待したいと思います。それが、日本を第5次中東戦争から救うことになるのではないでしょうか。

参考資料

石油連盟HP原油関連
プーチンの戦争（幻冬舎）
在京イスラエル大使館経済部HP
NEOM公式サイト　https://www.neom.com
pen-online.jp（NEOM関連部分）
河野太郎公式サイト　ごまめの歯ぎしり（サウジアラビア出張）
世界史の窓（イラン革命部分）
令和元年版防衛白書（イランの核問題関連部分）
日本国際問題研究所　小野沢透氏レポート（アメリカと中東）
外交青書2003年版（イラク戦争部分）
外務省HP（パレスチナ支援関連）

著者略歴

中川浩一
なかがわこういち

一九六九年、京都府生まれ。慶應義塾大学卒業後、一九九四年、外務省入省。

一九九五年～、エジプトでアラビア語研修。

一九九八年～二〇〇一年、在イスラエル日本国大使館、対パレスチナ日本政府代表事務所（ガザ）、アラファトPLO議長の通訳を務める。

二〇〇一年～二〇〇四年、条約局国際協定課、二〇〇四年～二〇〇八年、中東アフリカ局中東第2課、在イラク日本国大使館、
二〇〇一年～二〇〇八年、天皇陛下、総理大臣のアラビア語通訳官（小泉総理、安倍総理〈第1次〉）。

二〇〇八年～二〇一一年、在アメリカ合衆国日本国大使館、二〇一二年～二〇一五年、在エジプト日本国大使館、総合外交政策局政策企画室首席事務官、大臣官房報道課首席事務官、地球規模課題審議官組織地球規模課題分野別交渉官を経て
二〇二〇年七月、外務省退職。

ビジネスコンサルタント。

著書に『総理通訳の外国語勉強法』（講談社）、『プーチンの戦争』『ガザ』（幻冬舎）、『世界は見ている、ここが日本の弱点』（扶桑社）。

幻冬舎新書 740

中東危機がわかれば世界がわかる

二〇二四年八月三十日 第一刷発行

著者 中川浩一
発行人 見城 徹
編集人 小木田順子
編集者 鈴木恵美 福島広司
発行所 株式会社 幻冬舎
〒一五一-〇〇五一 東京都渋谷区千駄ヶ谷四-九-七
電話 〇三-五四一一-六二一一(編集)
〇三-五四一一-六二二二(営業)
公式HP https://www.gentosha.co.jp/
ブックデザイン 鈴木成一デザイン室
印刷・製本所 中央精版印刷株式会社

検印廃止

Printed in Japan ISBN978-4-344-98742-5 C0295
な-29-2

*この本に関するご意見・ご感想は、左記アンケートフォームからお寄せください。
https://www.gentosha.co.jp/e/